あっという間に人は死ぬから

「時間を食べつくすモンスター」の正体と倒し方

データサイエンティスト 佐藤舞（サトマイ）

KADOKAWA

なぜ、大人になると
いつも時間に追われるようになるのだろう？

私が小学生の頃の不思議体験です。
2時間目と3時間目の間に、
20分ほどの休み時間がありました。
その時間になると、
友人たちと駆け足で校庭に向かい、
一輪車や竹馬の練習をしたり、
ドッジボールで一戦交えたりしていました。

それだけでなく、
「ボールを2つにしよう！」など、
オリジナルのルールを編み出して工夫しながら、
時間まで目一杯遊び、
チャイムが鳴ると授業に戻る。

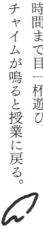

とても創造的で健康的な
時間に没頭していました。

当時のあの時間感覚はなんだったのでしょうか?

一方、大人になった今、私たちの多くは、
「たった20分じゃ何もできない」
と思い込み、手元のスマホで時間を浪費している――。

そんな経験はないでしょうか?

はじめに――心の底から「充実した時間」を取り戻すために

なぜ「たった20分じゃ何もできない」と思い込むのか

「仕事、家事、育児など、タスクだけに追われて疲れている」
「生きる意味や目的があればと思うが、明確なものが見えてない」
「たまに空いた時間も、スマホを見るだけで潰れてしまう」
「人生に大きな不満があるわけではないが、行き詰まりを感じる」
「1日がすぐ過ぎて、1年もすぐ終わり、年齢だけ重ねている」

本書を手に取られたということは、このような悩みを抱えた人が多いと思います。
ご安心ください。この本を読めば、そんな悩みはたちどころに解消いたします！
……などと安易なことは言いません。でも、本書はどんな方にとっても、これからよりよい人生を送るヒントになると確信しています。

テーマは「時間」。といっても、「時短術」や「効率術」の話をするわけではありません。

「時間がない」と嘆く一方で、平気でスマホをだらだらといじり、時間だけを浪費する。

そんなチグハグな時間感覚から抜け出し、生きていることそのものを楽しむような瞬間を取り戻す。

時間の僕《しもべ》になるのではなく、主《あるじ》になる。

流されるままの人生から、自分で方向を決める人生にする。

これが本書の目的です。

日本を代表する名作マンガ『ドラゴンボール』には、主人公の孫悟空たちが修行する「精神と時の部屋」というものが登場します。現実での1日が、精神と時の部屋では1年間になります。

大人になった私からすると、「小学生の時の私は、『精神と時の部屋』にいたのでは？」と思うほど「信じられない不思議体験」になっています。

「大人になると時間の進み方が早くなる」ということはよくいわれますが、ヒトの時間の知覚については分かっていないことが多く、科学的に証明されているわけではありません。しかし多くの方の体感として「大人になると1年が早く感じる」方が多いのではないでしょうか。

「大人になると時間の進み方が早くなる」ことの理由には諸説ありますが、「行動のパターン化」が有力です。大人になると同じことの繰り返しで脳が慣れてしまうため、新しいことを経験した時より刺激が少なく、「時間が短い」と脳が錯覚してしまうのです。

旅行の時に、行きより帰りの方が早く感じるのも、刺激に慣れてしまうためです（注1）。

脳の錯覚の例として、面白い研究をご紹介しましょう。

次ページの図の中心にある円は、実際には同じ大きさですが、左側の方が大きく見えます。**エビングハウス錯視**と言われる脳の錯覚の一種です。周囲の円の大きさを変えることで、物体の大きさに対する知覚を歪《ゆが》ませることができます。

スターリング大学の研究チームは、4歳〜25歳の被験者175人にいくつかの錯視画像を見せて、どちらの円が「より大きく見えるか」を答えてもらう実験を行いました。そうしたところ、年齢が上がるにつれて、正答率が下がる傾向が見られました。

「大人が騙される錯視に子どもは騙されない」ということの実験結果について研究チームは、「周囲の文脈から対象を把握する脳の能力はゆっくりと発達することを示している」とし、特に7歳以下の子どもには錯視が発生しにくく、10歳の子どもでもまだ完全に備わっていないと述べています。

私たちは、何かの判断をする時、経験から推測したり、場の空気を読んだり、とい

黒丸はどちらが大きい?
正答率は年齢によって変わる

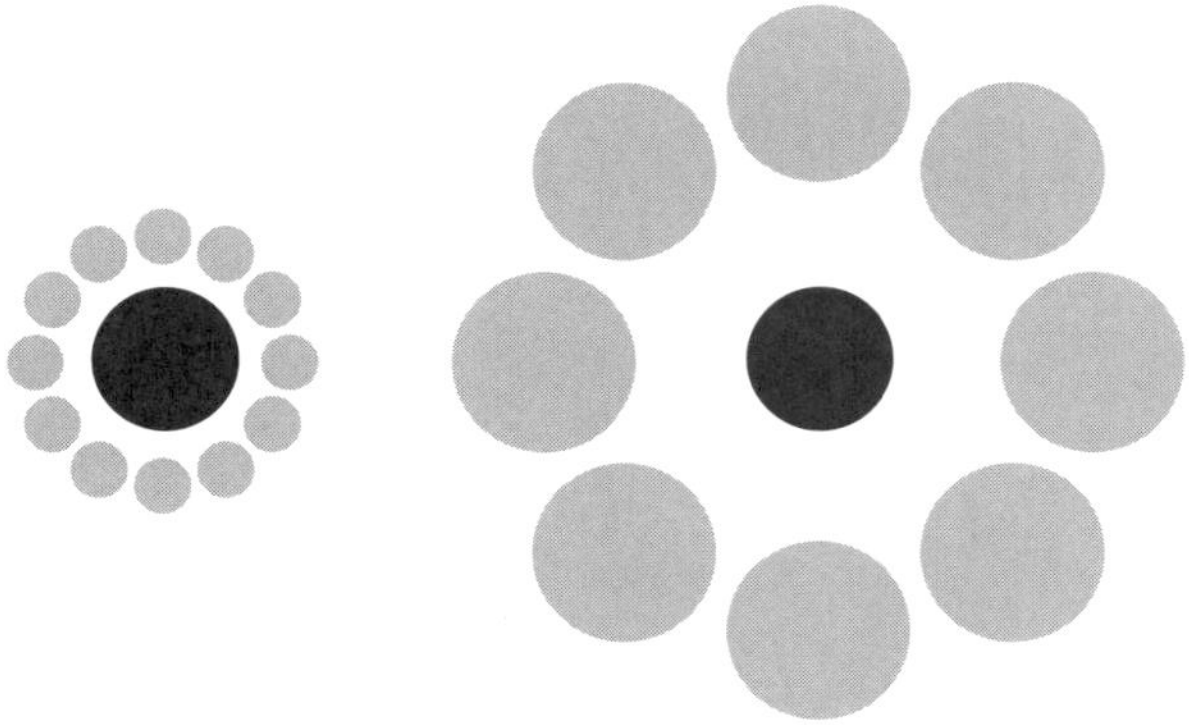

うことを次第に覚えます。これは、脳の省エネのために必要なことではありますが、実際には、事実をありのまま正しく見られていない、単なる「思い込み」だった、ということが非常によくあるのです。錯視のテストで間違えるくらいなら何も問題はないのですが、現実によくない影響を及ぼす思い込みもあります。

冒頭で述べたように、子どもの頃は、たった20分でも「校庭に行ってドッジボールができる」と判断し、実際に実行できていましたが、大人になった今では、「たった20分じゃ何もできない」と思い込み、手元のスマホで時間を浪費してしまう。

つまり、大人になるにつれて、時間に対する知覚が歪んでいき、よくない思い込みによって有意義な時間の使い方ができなくなっているということです。

「小学生の時は『精神と時の部屋』にいたのでは」と思った私ですが、**時空が歪んでいるのは、子どもの頃の私ではなく、現在の私やあなたかもしれない**のです。

「時間の浪費」はなぜ起こるのか

大人になった私たちは、なぜ、子どもの頃のように、時空をありのまま捉えることができなくなってしまうのでしょうか。

大人になった私たちの時空を歪ませ、貴重な時間を食べ尽くしてしまう場所の代表例として、カジノやパチンコといったギャンブル場が挙げられます。

私は新卒でパチンコ店に正社員として入社し、それまでやったことのなかったパチンコを覚えました。そうすると、仕事終わりや休みの日にはパチンコ屋に通い、あっという間に時間が経ち、たいていは後悔して帰りました。

「ああ、また無駄な時間を過ごしてしまった。しかもお金まで失った」

スマホゲームに夢中になり、ガチャに大量課金してしまう方も同じような感覚でしょう。

こんなケースもあります。

スティーブ・ジョブズのスタンフォード大卒業式での伝説のスピーチを見て自分を

奮起させ、次の休みこそは大事なことに時間を使うぞ！　と意気込むものの、朝起きてスマホを開き、ＳＮＳで炎上中の投稿を見ていたらいつの間にかお昼になり、溜まっているメールやチャットの返信をしているうちに夕方になり、ご飯を食べたら眠くなってしまって、「今日は〝もう時間がない〞からいいや。明日にしよう。いや待てよ、明日は友人との約束が入っていたんだった、どうする？　ああ、時間はあるはずなのに忙しい気がする。何も達成していないけど」。

あなたも似たような経験はあるはず。

あるいは、テスト勉強をしようと意気込んでデスクに向かったものの、気づいたら部屋の大掃除を始めていた、という経験はないでしょうか。

「まずは環境を整えてから勉強に集中しよう」と理屈をつけ、すぐに成果が見える〝掃除〞というタスクに取り掛かることで、勉強に対して感じる不安や抵抗から逃げ、心理的に満足感を得ようとします。「今は勉強よりも掃除の方が優先順位が高いのだ」と自らを欺《あざむ》きますが、実際には、勉強よりも優先度の低いタスクです。デスクを片付けていたら次は本棚を片付け始めてしまって、気づいたら掃除に数時間費やしていた、なんてことが起きてしまいます。

このように、心理的な抵抗から逃げるための理屈をこじつけ、自分をだますことで、実際には目標達成から遠ざかっている行動をしていることもあります。

「時間だけが過ぎる人生」からの脱却

ごあいさつが遅れました。

はじめまして。佐藤舞と申します。

私は普段、リサーチャーとして、企業、行政、学校などあらゆる組織のデータ分析や、商品開発・マーケティング支援、新規事業開発支援などを行っています。また、上場企業の社外取締役や大学の客員教授として、データに基づく意思決定の支援を行っています。

またSNS総フォロワー40万人超のユーチューバーでもあり、日常の素朴な疑問や謎を、統計学や確率論の観点から解説しています。企業や個人が今よりももっとよくなるために、現状の課題を見つけ、その解決方法をリサーチし、論理的に分かりやすく、エンタメも交えながら説明することを生業としています。

本書は、このようなリサーチャーとしての手法により、冒頭に挙げたような、私を含めた現代人の根本的な課題である「時間」の謎に迫ろうという試みです。

私は本書で次のような課題を設定しました。

「私たちの身の回りは、生活を便利に楽しくしてくれるはずのテクノロジーや生産性アップのライフハックであふれているのに、なんとなく本質的な悩みが解決されないまま時間だけが過ぎていっている気がする。

このままでは、

あっという間に死んでしまうのではないか」

本書では、私を含めた現代人の課題を、「**有意義な時間の使い方**」にあるとし、先人の知恵と最新の文献を調べ、後悔しない人生を送るための死ぬまでの時間の使い方を体系的に整理しました。

私の思索の流れそのままに構成してありますので、読者のみなさまに、課題発見から解決策に至る思考を追体験していただけるようになっています。

本書の構成は、次のような構成になっています。

1章で、**人生の浪費の正体**を暴き、
2章で、**人生の3つの理**と向き合い
3章で、**自分の本心**に気づき
4章で、**本心に従って行動**する

1 人生の浪費の正体

▽

2 人生の3つの理

▽

3 自分の本心

▽

4 本心に従った行動

また、各章は次の４つのステップで考察を深め、解決策を導く構成になっています。

■**問題提起**（まだ解決できていない悩み）

■**原因特定、証拠**（問題が発生するメカニズム、意外な事実やデータ）

■**損失回避**（問題を解決しないとどんなヤバいことになるか）

■**解決策**（具体的な解決策を提示し、行動を促す）

本書を読むだけでも、時間に対するよくない思い込みが解消されるように設計していますが、途中にワークが出てきますので、ぜひワークにも取り組んでみてください。

本書は、あなたの人生を、より有意義なものにするためのコーチングブックとして機能します。

読み進めるごとに、心の中の欠けていたパズルのピースが一つひとつ埋まるようになっています。読み終える頃には、自分の人生のコンパスを手に入れられることでしょう。

手に入れたコンパスを持って日常に戻り、また行き詰まった時には、いつでも本書に戻ってきてくださいね。

それでは、一度深呼吸して、あなたの内面を探る旅に一緒に出かけましょう。

あっという間に人は死ぬから

「時間を食べつくすモンスター」の正体と倒し方

目次

はじめに――心の底から「充実した時間」を取り戻すために……8
＊なぜ「たった20分じゃ何もできない」と思い込むのか……8
＊「時間の浪費」はなぜ起こるのか……14
＊「時間だけが過ぎる人生」からの脱却……16
＊但し書き……30

第1章 起 「人生の浪費」の正体を暴く

問題提起（まだ解決できていない悩み）

私たちは、自分にとって重要なことがなんなのか分かっていないのではないか……33
＊生産性をアップする時間術……34
＊「生産性アップのための時間術」は、効果が限定される……43
＊自己啓発系のテクニック……45
＊時間は自分の意思でコントロールできないのだろうか？……48
＊本当の課題は、時間の使い方ではなかった……52

原因特定、証拠（問題が発生するメカニズム、意外な事実やデータ）
私たちの時間を奪っていくものの正体を解明する 55
＊時間の浪費の正体 56
損失回避（問題を解決しないとどんなヤバいことになるか）
どうすれば本質に向き合うことができるのか 71
＊では、「幸福」とは？ 73
解決策（具体的な解決策を提示し、行動を促す）
後悔しない人生を送るためにすべきこと 78
この章のまとめ 81

第2章 承

人生の「3つの理（死・孤独・責任）」と向き合う

問題提起（まだ解決できていない悩み）

逃げても逃げても、苦痛は追いかけてくる …… 85

＊逆効果になる誤った自己啓発 …… 86

コラム リサーチャー目線の残酷な真実

「科学的エビデンス」は必ずしも正しくない …… 91

＊1万時間の法則は再現に失敗している …… 92

＊エビデンスとはそもそもなんなのか …… 98

＊活用方法① エビデンスレベルの見極め …… 101

＊活用方法② 自分に合ったことを見極める …… 105

原因特定、証拠（問題が発生するメカニズム、意外な事実やデータ）

人生の向き合い方と苦痛への処方箋：3つの原則 …… 108

＊1つ目の原則：変えられないものと変えられるものを区別せよ……109
＊2つ目の原則：人生に対して主体的に参加せよ……112
＊3つ目の原則：人生に苦は必要である……115
＊「自分で変えられること」とはなんなのか？……119
＊ポジティブシンキングは無理がある……128
＊認知的アプローチで、「自分で変えられること」を理解する……131
＊1人のランナーの記録が世界中のランナーの認知を変えた……135
＊跳べなくなるノミの話……137
＊人生を悪化させる「体験回避」……139
＊エクスポージャー法で不安に慣れる……144
＊恥や嫉妬はなぜ起こるのか……147
＊苦痛を減らすことに没頭し人生を進めることを忘れていないか？……150
＊うまくいかない原因探しを止める……157
＊20万年前の能力で生きる現代人……159
＊ドーパミン中毒で、本来無関係なパターンを見出してしまう……163
＊認知が歪みやすい人……165
＊自分のバスの行き先を自分で決めるために……172
損失回避（問題を解決しないとどんなヤバいことになるか）
コンパスを見つける……178

解決策（具体的な解決策を提示し、行動を促す）
バスの行き先を決める……182
この章のまとめ……186

第3章 転 自分の「本心」を掘り下げる

問題提起（まだ解決できていない悩み）
自分の本心（価値観）をどのように見つければいいのか……195
原因特定、証拠（問題が発生するメカニズム、意外な事実やデータ）
価値観とは、何であって、何でないか……200
＊単語では表現できない……201
＊ゴールではない……202
＊「好き」という感情ではない……204

＊「幸福」ではない　206
＊「欲望」「必要」ではない　208
＊「脅迫観念」「義務」「モラル」「倫理」「善悪」ではない　209

損失回避（問題を解決しないとどんなヤバいことになるか）

自分の価値観を明確にすることの重要性　212

解決策（具体的な解決策を提示し、行動を促す）

価値観を明確にするワーク　219

＊困難な体験を振り返るワーク　221
＊子どもの頃を振り返るワーク　228
＊筆者の場合【困難な体験を振り返るワーク】　232
＊筆者の場合【子どもの頃を振り返るワーク】　236
＊先天的な価値観と後天的な価値観　240
＊人材採用のための簡易版の質問　245

この章のまとめ　250

第4章

結 本心に従って行動する

人生を充実させるための習慣……256

問題提起（まだ解決できていない悩み）
価値観に合った目標を設定する……260

原因特定、証拠（問題が発生するメカニズム、意外な事実やデータ）
目標設定は、「目的」「目標」「手段」の3段階で行う……264

損失回避（問題を解決しないとどんなヤバいことになるか）
あきらめるのではなく、「何ならできるか」と考える……274

＊価値観は自由に入れ替えられる……277

解決策（具体的な解決策を提示し、行動を促す）

「価値観に沿った目標設定」のやり方……280
＊自分の機嫌をとる方法が分かる「感情日記」……295
＊コンパスと地図を手に旅に出る……301

この章のまとめ……302

あとがき……303
謝辞……308
参考文献……310

※各章は「問題提起」「原因特定、証拠」「損失回避」「解決策」の4つの要素で構成
※本文中の（注）は、310ページの参考文献リストに対応

企画　小山竜央
カバー・本文デザイン　OKIKATA
本文イラストレーション　reism・i
DTP　富宗治
校正　星野由香里
編集協力　小嶋優子

但し書き　その1

〝科学的な正しさ〟と〝あなたにとって実用的かどうか〟は、また別問題です。ある程度万人に共通した傾向を提示しますが、完璧主義にならず、あなたにあったやり方を見つけ、選択してください。

但し書き　その2

本書は、データに基づいて、論理的に解説することに重きを置いています。しかし、いかんせん、「死」というものに関しては、故人からデータを集めることはできず、私自身ももちろん経験したことがない未知の領域です。したがって、筆者の死生観が多分に反映された内容になっていることをご了承ください。

第1章

起

「人生の浪費」の正体を暴く

4 本心に従った行動 ◁ 3 自分の本心 ◁ 2 人生の3つの理 ◁ 1 人生の浪費の正体

この章の目的

私たちが「有意義な人生」を送れない理由を探る

問題提起（まだ解決できていない悩み）

私たちは、自分にとって重要なことがなんなのか分かっていないのではないか

先人たちは、人生について多くの思索を重ねてきた。まずは、古今東西の「時間術」を検証することで、有意義な時間の過ごし方を考えてみよう。

本書を書き始めるにあたり、私はまず、時間術について書かれた書籍を参照することから始めました。

それらの書籍には、私たちの時間を奪っていくモンスターの正体と、それに対抗する手段（ハウツー）が書かれているはずだからです。

時間の使い方に関してのハウツー本は、紀元前から現代に至るまで、山のように出

版されています。それらを大別すると2種類に分けられます。生産性アップ系と、自己啓発系です。

生産性をアップする時間術

はじめに、生産性アップ系のテクニックから紹介しましょう。

代表的なものとして、AIを使った教育事業を行っているアメリカの企業「フィルタード」が発表している、時間内により多くのタスクを効果的・効率的にこなすテクニックのランキング（注2）を見てみます。

効果の高い順に1位から100位までランキングされたこのリストから、どんな時間術がどんな効果をもたらすのか、1位から10位を見てみましょう。

それぞれのテクニックには、［実用性］［難易度］［効果］の3つの観点から評価がつけられています。**［効果］**とは、そのテクニックがどんなことに対して有効なのかを分類したもので、**統制／通知管理／メール管理／環境管理／目標達成／会議／時間管理／ウェルビーイング向上**、の8つが挙げられています。

フィルタードによる効果的な時間術ランキングトップ10

1. Time-boxing
2. Prioritise
3. Say no
4. Move!
5. Control your devices
6. Take short breaks
7. To-do lists
8. Eat well
9. 2-minute rule
10. Control social media

10位から詳しく見ていきましょう。

10位　ソーシャルメディアのコントロール
実用性：65・2　難易度：3　効果：通知管理

ソーシャルメディアは時間を奪っていくものの代表格です。仕事中にちょっとSNSをチェックしようとしただけなのに、どんどん次が気になったことはありませんか？　この調査では、カレンダーに1日2回、5分間のソーシャルメディアタイムを設けることを推奨しています。カレンダーに強制されると、「今はどうでもいいや」となります。

9位　2分ルール
実用性：69・6　難易度：2　効果：時間管理

2分ルールは、「2分以内でできるタスクは何も考えずに終わらせてしまう」というテクニックです。重めの仕事の前に、小さなタスクをたくさんこなすことによって助走がつき、重めの仕事に取り掛かりやすくなります。

8位　健康的な食事

実用性：69・6　難易度：3　効果：ウェルビーイング向上

時間がないからといって、毎日カップラーメンしか食べない生活を送っていたら、頭が働きません。なるべく未加工の食品で、タンパク質、ビタミンや食物繊維、脂肪、炭水化物をバランスよく摂取しましょう。

7位　TODOリスト

実用性：69・6　難易度：2　効果：目標達成

TODOリストは、やることをすべて紙に書き出したり、カレンダーに組み込む基本のテクニックです。会議を終え、メールを処理している間に急ぎの依頼が舞い込み、部下に指示を出しているうちにまた会議……その過程で数えきれないほどのタスクをこなします。未消化のタスクをどこかに記録して後で行動に移せるようにしましょう。

6位　短い休憩

実用性：78・2　難易度：2　効果：ウェルビーイング向上

長時間続けて作業するより、短い休憩を挟んだ方が集中力と生産性が上がります。少なくとも1時間に1回程度の休憩をとり、15分程度の散歩やストレッチなどをするとスッキリします。

5位　デバイスのコントロール

実用性：82・6　難易度：3　効果：通知管理

調査によると、私たちは1日に150〜221回もスマホをチェックしています。そして、サザンメイン大学の研究によると、スマホに触れなくても、スマホが視界に入っているだけで、学力テストの成績が低下するそうです。気が散るデバイスをデスクから取り除いてみてください。

4位　動く

実用性：82・6　難易度：3　効果：ウェルビーイング向上

デスクワークが多い仕事の場合、意識的に動くようにしましょう。血流が良くなると創造的な思考が掻き立てられます。スタンディングデスクなどを使用するのもよいでしょう。習慣化するのにおすすめの方法は、すでに習慣になっていることと組み合わせることです。例えば私は、歯磨きをしながらスクワットをしたり、髪をドライヤーで乾かしながらステッパーを踏んだりしています。習慣化したいことを、日常の行動導線に組み込めないだろうかと考えてみてください。

3位　ノーと言う

実用性：91・3　難易度：2　効果：ウェルビーイング向上

仕事を抱えがちな人は、頼まれた仕事についついYESと言ってしまいます。断る時に意識してほしいのは、「今忙しいから」「時間がなくて」という消極的な理由ではなく、「自分は今このプロジェクトを優先したいから」や「今ダイエット中だから飲み会は行かない」というように、自分の価値観に基づいた積極的な理由を提示して断るということです。価値観に関しては非常に重要なポイントなので、3章で詳しくお話しします。

2位　優先順位をつける
実用性：97・5　難易度：3　効果：時間管理

今日のタスクを書き出してやるべき優先順位をつけましょう。やるべきタスクを消化している間は、メールや電話、急な来客など、順番待ちの先頭に飛び込んでくるタスクに気を取られないようにしましょう。近年では、チャットボットなどが一般化していますので、対応を自動化できるところは自動化したり、「メール返信は午後から」と決めてしまうのもおすすめです。

1位　タイムボクシング
実用性：100　難易度：3　効果：時間管理

1日のタスクを書き出すだけでなく、時間割を作りましょう。
世界一マルチタスクな男と言われる、テスラやスペースXのCEOイーロン・マスク氏も、毎日の習慣としてタイムボクシングを取り入れています。また、マイクロソフトの共同創業者のビル・ゲイツ氏も使っているようです。

何のタスクにいつとりかかるのかを決めていないと、都度都度、「次は何をやろう?」という迷いが生じます。運動や食事、買い物などのプライベートなタスクも含めて1日の時間割を作り、その時間割どおりに行動するのがタイムボクシングです。

私は社会人2年目から、店舗の管理の仕事をするようになりました。経理・総務・人事など、バックオフィスのなんでも屋さんで、やることが多すぎる上に忘れっぽいので、自然とエクセルでタイムボクシングをしていました（当時は、タイムボクシングという言葉さえ知りませんでした）。

これを始めてから、自分が予想した時間の見積もりが甘いことに気づきました。資料作成は3時間あれば足りるかなと思ったものの、実際は倍かかり、翌日に持ち越したりします。時間割を作ることで、自分の時間感覚と実際の作業時間のズレを修正していくことができました。

参考までに、現在、筆者が実際に使っているものを次ページに掲載します。

筆者のタイムボクシング

1日のスケジュールの時間割を作成し、自分が使いやすいようにアレンジしたものです。まず左の欄外に、**活動時間**を書きます。次にその右側に、「**時間が決まっているタスク**」を書きます。さらにその右側に、「**そのタスクの詳細についてのメモ**」を必要であれば記載します。この日は、朝から密着取材が入っていたので、取材で話すことのメモを書いています。そして一番右側には、「**時間は決まっていないその日のTODOリスト**」を書きます。「タクシーで移動する」「おやつを食べる」などの細かい予定も書いています。ノートに直接書いてもいいですが、予定は変わるので、私は付箋に書いたものを貼り付けて、予定が変更されたら付箋の位置を貼り替えて管理しています。

週の予定や月の予定、年間の予定などの管理は、グーグルカレンダーで行っていますが、1日の細かな予定は、このようにタイムボクシングで行っています。これは前日に作ることが多いです。ちなみにノートはコクヨのソフトリングノート（方眼タイプ）を使っていて、1枚ごとに切り取れるように切り込みが入っているので、1枚千切って持ち歩いています。グーグルカレンダーでも手帳でも、お好みのものを使ってみてください。

「生産性アップのための時間術」は、効果が限定される

以上が、「生産性アップを目的とした時間術」についてです。特に上位３つ（①タイムボクシング　②優先順位をつける　③ノーと言う）は、私自身もその効果の大きさを実感しています。

筆者の場合、自分の会社の社長業、メディア出演などのインフルエンサー業、作家業など、やることが多岐に渡っており、何も考えずにこなしていたら消耗してしまいます。「手を動かす前に考える時間」を設けることが思考の整理につながり、何をするべきかが明確になります。

『ＤＥＥＰ　ＷＯＲＫ　大事なことに集中する――気が散るものだらけの世界で生産性を最大化する科学的方法』（注３）で有名なコンピュータ科学者のカル・ニューポート氏は、**「タイムボクシングを使って週40時間働くと、何も考えずに週60時間以上の仕事をしたのと同じ量の生産性が得られる」**と言っています。

チームのプロジェクト管理ツールを提供しているアサナ社の調査によると、ナレッ

ジワーカーの時間の60％がメールへの返信、プロジェクトの調整、ミーティングのスケジュール設定などの調整タスクに当てられているようです。これらは「仕事のための仕事」といえるでしょう。こなせばこなすほど仕事が捗った気がしますが、あくまでも「仕事のための仕事」です。あなたが本当にすべき重要な仕事は、より抽象的で複雑で深い思考力と集中力を要します。それにはストレスがかかるので、「とりあえずデスク下のごみ捨て」をしたり、メールやチャットの返信などをして、「何かが捗った気になりたい」のです。

生産性アップ系の時間術の本や論文を漁《あさ》ると、

•「仕事のための仕事」をいかに速く効率よくこなせるか、という視点で書かれたものが多い
•「集中力を阻害するものを排除しよう」という集中力コントロールのテクニックが多い

といった傾向があり、本命の仕事はなんなのか、それはどのようにして見つければい

いのか、については、深く言及されていませんでした。

自己啓発系のテクニック

それでは次に、時間術の中でも、自己啓発に分類されるものを見てみましょう。

例えば、自己啓発本の大著である『七つの習慣』（注４）では、次のようにやるべきことの優先順位をつけましょう、といっています（「優先順位をつける」は、フィルタードの調査で第2位のテクニックです）。

①緊急で重要なこと（例：顧客先でのプレゼン）
②緊急ではないが重要なこと（例：人材教育や新規事業）
③緊急だが重要ではないこと（例：突発的な頼まれごと）
④緊急でも重要でもないこと（例：スマホゲーム）

しかし実際には、次のような順番になっている人が多いのではないでしょうか。

『7つの習慣』で提唱されたアイゼンハワーマトリクス

	緊急	緊急でない
重要	**第1領域** ・締め切り直前の仕事 ・病気や事故 ・クレームやトラブル	**第2領域** ・人間関係づくり ・健康維持 ・準備や計画 ・勉強や自己啓発
重要でない	**第3領域** ・突然の来訪や電話 ・無意味な接待や付き合い ・雑事	**第4領域** ・暇つぶし ・単なる遊び ・テレビ

元アメリカ大統領ドワイト・アイゼンハワーの言葉を元に、スティーブン・R・コヴィー氏が作成。タスクを４つの領域に分類し、緊急度・優先度を判断する。

①緊急で重要なこと（例：顧客先でのプレゼン）
③緊急だが重要ではないこと（例：突発的な頼まれごと）
④緊急でも重要でもないこと（例：スマホゲーム）
②緊急ではないが重要なこと（例：人材教育や新規事業）

『七つの習慣』の著者、スティーブン・Ｒ・コヴィー氏は、②の〝緊急ではないが重要なこと（第２領域）〟に、意識的に時間を使いなさい。といっています。また、古代ローマの哲学者セネカは『人生の短さについて』（注５）で、このようにいっています。

「**人生は短いのではなく浪費している**」。

つまり、やるべきことをやらずにどうでもいいことに時間を使っているから、気づいた時には人生が終わっている、というのです。いずれの自己啓発本も、「浪費するな」「重要なことに時間を割け」「くだらないことはやめろ」という点では一貫しており、どれも頷く内容ばかりです。

時間は自分の意思でコントロールできないのだろうか？

ここまで、時間術について、名著とされる本から有効と思われるものを見てきました。これらは確かに示唆に富みますし、納得できるものです。

しかし、時間の使い方に関する膨大な情報をリサーチしていくなかで、「なんか違う」「本質的な問題が解決されていない気がする」という感覚も同時に芽生えてきました。

中には、「そもそも時間の使い方は、人間の意思で自由にコントロールできない」という主張も見られました。

日本のＡＩ研究の第一人者である東京大学の松尾豊教授は、産業技術総合研究所の研究員だった頃に書いた論文「なぜ私たちはいつも締め切りに追われるのか」（注６）の序論で次のように述べています。

「余裕をもって早くやらないといけないのは分かっている。毎回反省するのに、今回もまた締め切りぎりぎりになる。なぜできないのだろうか？　われわれはあほなのだろうか？」

松尾教授は、「創造的な仕事に集中力は欠かせないが、それは時間的な制約がなければ上げにくいものであり、それに寄与する締め切りのおかげでパフォーマンスを出せるわけである」と結論し、次の言葉で論文を締めています。

「われわれが反省すべきは『早めにやっておけば良かった』ではなく、『もっと集中すべきだった』である。追い込まれなくても集中力を上げるために自分なりの方策を編み出していくことは、研究者が健康で文化的な最低限度の生活を送る上で、欠くことのできないスキルではないだろうか」。

つまり、**時間のコントロールではなく、集中力のコントロールが大事なのだ、締め切りがあるおかげで集中力が出るのだ**、という話です。

株式会社日立製作所では、ビッグデータという言葉が生まれる前の２００３年から、自社開発のウェアラブルデバイスを用いて、人間行動の法則性を発見しようとしてきました。

『データの見えざる手　ウエアラブルセンサが明かす人間・組織・社会の法則』（注７）によると、「あなたが今日何に時間を使うのかは、無意識のうちに科学法則に制約されていて、自由にはならない」とされ、人間の1日の運動がU分布という確率分布で説明できるとしています。

要点を3点に絞って説明すると、

①人間は同じ作業を1日中することは出来ない。
②人間は1日の中で、身体の動きが活発な活動と静かな活動を複数レベルに分けて自動配分しており、活発な活動は静かな活動より多く時間を使うことはできない。
③人によって平均的な活発度は異なるが、①と②の条件は誰もが同じ。

例えば、「締め切りが近いから、今日は1日中原稿執筆に時間を使おう」と決めても、集中できずにうろうろして身体を動かしたくなったりします。また、日頃からあまり身体を動かさない人は、低活動領域（活発でない活動）の中で時間予算を配分するので、高活動領域（活発な活動）である運動をするエネルギーが残っていない、ということになります。

では、よく身体を動かす人の方が優秀かというと、そんなに単純ではありません。日頃からよく身体を動かす人は、高活動領域の中で時間予算を配分するので、執筆作業などの動きが少なすぎる活動には予算が割けません。

これらのことからいえるのは、ＴＯＤＯリストの時間配分を〝自分で自由にコントロールできる〟というのは幻想だということです。「ＴＯＤＯリストの41％は未完了のまま残されてしまう」というデータもありますが、夏休みの宿題よろしく、立派な計画がその通り進んだ試しがないことからも納得でしょう。

時間術の本を読むと、あたかも、自分が何に時間を使うことができるのかをコントロールできるような錯覚に陥りますが、現実には難しいようです。ここが「お金の使い方」との根本的な違いでしょう。お金は使わなければ貯めたり増やしたりすることができますが、時間は、意図してもしなくても、刻一刻と失われているのです。時間は貯金できないのです。

本当の課題は、時間の使い方ではなかった

ここまで、生産性アップやライフハック系の時間の使い方に関する多数の情報を漁ってきました。すると、

「時間の使い方というより集中力のコントロールが大事なのでは？」

「つまらないタスクを効率的にこなせるようになったとして、それで人生は充実するだろうか？」

という疑問が湧いてきました。

そしてさらに、幸福論や人生哲学、生き方・死に方に関する情報を漁っていくと、

「自分にとって重要なことや、やるべき優先順位が分からない人が多いのではないか？」

「やるべきことを分かっていても先延ばしにしてしまうのはなぜか？」

「人によって幸せの基準や価値観は異なるのだから、〇〇すればハッピーになれる！で片付けてしまうのは暴論すぎないか？」

という疑問が湧いてきたのです。

したがって、「死ぬまでの有意義な時間の使い方」という大テーマについて論じるにあたり、次の前提をおきました。

- 本当は、有意義な時間を過ごしたいと思っている。
- やるべきことをしようとすると邪魔者が入り、後回しになる。

この繰り返しの結果、なんとなく「日々をこなす」だけになってしまっていつの間にか時間が過ぎ去り、「このままでいいのかな」という漠然とした焦りや不安、何か満たされない感覚が生まれているのではないでしょうか。

そして問題は、当の本人も、「**自分にとっての有意義な時間ややるべきことが一体なんなのか分かっていない**」、ということと、「**人生において本当に大切なことに向き合おうとする時に現れる邪魔者の正体が分かっていない**」、ということです。

「人間は考える葦である」という言葉を残した、フランスの哲学者ブレーズ・パスカルは、「人間の悩みの大半は、結局自分が何を求めているか分からず、余計なことばかり欲してしまうからだ」と述べています。

しかし、この状態は、あなたの中の何かが欠けているとか、壊れているわけではなく、人間であればいたって普通の状態です。私たちは、より幸せになるために、知識や技術を習得しますが、「死ぬまでの有意義な時間の使い方」に関しては、私を含め、ほとんどの方が素人です。

後悔すると知っていながら、すべきことを先延ばしにし、時間を浪費してしまうメカニズムについて解明し、本書のキーポイントとなる「自分にとって重要なことや豊かになること」をどのように見つけ、行動すればいいのか、そのヒントを提示するのが本書の役割です。

原因特定、証拠（問題が発生するメカニズム、意外な事実やデータ）

私たちの時間を奪っていくものの正体を解明する

「何をやるべきかが分かっていない」「人生において大切なことと向き合おうとすると邪魔者が入る」――豊かな時間の使い方を邪魔するものはなんだろう？

「自分にとって有意義なことややるべきことが一体なんなのか分かっていない」ことと、「人生において本当に大切なことに向き合おうとする時に現れる邪魔者の正体が分かっていない」ことで、漠然とした不安やなんとなく満たされない感覚を抱えたまま、刻一刻と時間だけが過ぎていきます。

有意義なことが光、邪魔者が闇だとしたら、闇を避け、光に向かって生きたいと思うでしょう。しかし、人間にはなかなかそれが難しいのです。

時間の浪費の正体

17世紀のフランスの文学者、フランソワ・ド・ラ・ロシュフコーは「**死と太陽は直視できない**」といいました。これほどまでに人間の本質を的確に表している言葉はないでしょう。この一文が、本書においての最重要キーワードです。

死とは、受け入れがたい現実です。私たちは生まれた瞬間から、老いて死ぬことが約束されています。いずれ自分が死にゆくと知りながら前向きに生きていくのは難しいものです。どんなことが起きようと時は流れ、毎日太陽が昇り、私たちを明るく照らします。太陽は活力を与えてくれたり、待ち遠しい存在であり、時には残酷なほどに眩しい存在でもあります。

私たちは、死や老い、病といった受け入れがたい現実を直視することができません。そんな心の闇の中で、必死に希望の光を探そうとしますが、希望、すなわち太陽もまた直視できない、といった葛藤を抱えながら、どのように生きるのかを模索しています。

多くの人は、死と太陽という本質を見ることを避け、代替案として選んだ選択肢を正当化することに時間を使っているのではないでしょうか？
私たちが直視できないものとはなんでしょうか。
私はそれを、「人生の3つの理《ことわり》」だと考えました。

人生の3つの理
①死
②孤独
③責任

この3つの理を避けるために無意識に自分にウソをついて行っている行動が、間違った時間の使い方を生み出しているのです。

①死

人は必ず死にます。しかし、いつ死ぬかが分かっていたら、その恐怖や絶望感で何もできなくなってしまいます。そこで、普段の生活では死を忘れていた方が都合がいいのです。死や老い、病の恐怖から目をそらし、死なないことを前提に生きています。

「死はいずれ来る」と誰もが知っていますが、「それはまだ先のこと」あるいは、どこか他人事のようにしか思っていません。

イスラエルのバル＝イラン大学の研究チームの調査によると、自分の死は他人事として見がちであるという興味深い結果（注8）が示されています。

自分の死に関連する情報が出てくると、脳は自分の死について考えるのを防ぐために、本来備わっている予測システムを停止させます。そして、「この死は他人の問題だ」と考えるような防御システムが作動します。

このプロセスは無意識に行われます。「人間の死亡率は100％」「自分もいつか死ぬ」と口では言いますが、本音ではそんなことを認めたくないのが人間なのです。

②孤独

人の命は１つの身体に宿り、２つとして同じものはありません。一卵性双生児として生まれて来ても、別の命で、別の経験をして生きています。同じように見ていると思っている世界でも、人の数だけ見え方があり、別々の世界に住んでいるのです。これを仏教では「業界《ごうかい》」といいます。したがって、生まれてから死ぬまでの体験は、他者には１００％理解はされず、「自分のことを分かってもらえない」という寂しさに耐えなくてはなりません。

『仏説無量寿経《ぶっせつむりょうじゅきょう》』というお経では「独生《どくしょう》 独死《どくし》 独去《どっこ》 独来《どくらい》（人間は、生まれてくるのも独り、死ぬのも独り）」と唱えられています。たくさんの人に囲まれいろいろな人と関わっても、根本的には孤独であり、生まれてくる時も死ぬ時も、誰もあなたに代わることができないという教えです。

「孤独死するのが怖い」というのは分かります。しかし、たとえ看取ってくれる人がいても、最後はみんな１人で死ななければいけません。そういう意味では、全員平等に孤独だともいえます。

③責任

フランスの哲学者、ジャン＝ポール・サルトルは「**人間は自由の刑に処せられている**」と言いました。私たちは、自由に人生や運命を切り開いていけますが、それには責任が伴います。自由に生きられるにもかかわらず、自分で選択した人生の責任を負いたくないので、自由と責任から逃れようとします。サルトルの思想は「実存主義哲学」といわれるもので、人間は意味（目的）があって存在しているのではなく、存在（器）がまず先にあって、生きる意味は、世界との関係の中で、自分で見出さなければいけないという考えです。

そして、サルトルと同時期に、ドイツで社会心理学、精神分析学の研究をしていたエーリッヒ・フロムは、主著『自由からの逃走』の中で、「人間は生きている意味を見出せなくなると他人からの承認がほしくなる」と述べています。自分で生きる意味を見出すことができないと、存在価値を証明するために、財産や名誉や地位を得ることを目標とし、それができないと無価値感につながるというわけです。自由に生き方を決められるということは、その結果がダイレクトに自分に返ってくるので誰の責任にもできません。

死、孤独、責任には、不安が伴います。目に見えるものではないので、底知れぬ「漠然とした不安」として、心理的な苦痛（ストレス）が生じ、この不安を何かで紛《まぎ》らわそうとします。

心理学では、ストレスに対する意図的な対処のことを「コーピング」といいます。

３つの理に対するコーピングの例を見てみましょう。

３つの理の不安を紛らわせる行動

①死の不安
何かに没頭したり熱中して悩まないようにする

②孤独の不安
友人やパートナーを求めて寂しさを紛らわせる

③責任の不安
他人に決めてもらうことで責任を回避する

これらはよく見られる、いたって普通のコーピングです。人は、日頃からこのようなコーピングを繰り返すことで漠然とした心理的苦痛を回避しています。人生をやりすごすための合理的コーピングといえるでしょう。

しかし、中長期的な人生の質を悪化させてしまう、良くない結果をもたらしてしまう非合理的なコーピングもあります。

①死の不安

何かに没頭したり熱中して悩まないようにする

⇐

ゲームに夢中になって日常生活に支障をきたす

②孤独の不安

友人やパートナーを探して寂しさを紛らわせる

⇐

寂しさから浮気を繰り返す

③責任の不安
他人に決めてもらうことで責任を回避する
⇐
他人の評価で一喜一憂する

このように、不安を消そうとしてやったことが、やってもやっても満たされない依存・中毒状態を引き起こし、人生に長期的な悪影響を与えてしまうことがあります。

依存症とまではいかないけれど、寝食を忘れてゲームに熱中してしまった、ガチャに大量課金してしまった、デート中なのに、さっきSNSに投稿したポストのいいね数が気になってしまう――という経験をしたことがある方は多いのではないでしょうか。

これらは、多くの場合「ダメだと分かっているけどやってしまう」もので、比較的分かりやすいものですが、本人もダメだと気づかない行動もあります。

①死の不安
何かに没頭したり熱中して悩まないようにする
⇐
ワーカホリックになる

②孤独の不安
友人やパートナーを探して寂しさを紛らわせる
⇐
浮気を疑って何度もスマホをチェックする

③責任の不安
他人に決めてもらうことで責任を回避する
⇐
周囲に同調して自分の意見を言わない

これらの行動の特徴は、不安を消すという意図以外に、本人にとってこれらの行動をとることの正当な理由付け（ウソ、いいわけ）ができる、ということです。

ワーカホリックになる
＝仕事をしないと家族を養えないから

浮気を疑って何度もスマホをチェックする
＝疑われるようなことをする相手が悪いから

周囲に同調して自分の意見を言わない
＝自分の判断に自信がないから

このように、自分の偏見や信じていることを肯定するような証拠を見つけて、自分の行動を正当化したり、自分で自分にウソをつく行為を、「自己欺瞞《じこぎまん》」といいます。
人は、自分にも他人にもウソやいいわけをすることに多大な時間を使っています。

しかし、ウソなのか本当なのか、自分にも他人にも分からないことも多いのです。「まるで本物のようなウソ」を自分にも他人にもつき続けることによって、自分の本心を見失います。他人を効果的に欺《あざむ》くには、自分も騙されている方が都合がいいからです。

私たちは、生きていく上で自分が豊かになる選択をしているつもりでいますが、実際は違います。

- 旅行資金が溜まったら海外に行こうと仕事を頑張って、すでに5年経っている。
- 最高のパートナーが欲しいけど自信がないので、とりあえず身体を鍛えて早1年。
- ビジネス書やセミナーで勉強し続けて、万年起業準備中。
- やりたい事探しをずっとし続けているが、これというものがない。

あなたは、本命の行動ではなく、〝代替の行動〟に時間とお金を浪費して、満足した〝フリ〟をしているために、いつまでも本命にたどりつけないのです。

そして死に際にやっと思い出すのです。「ああ、あれをしておけばよかったな……」と。

自己欺瞞は一見筋が通っているので、本人は、自分にウソをついていると思っていないことが多いです。私たちは、向き合いたくない真実から逃げるために、無意識にいいわけを捏造し、ウソをついています。それが、人生を浪費してしまう理由です。

本人の中では、「自分は正しい」「これが自分のポリシーだ」と思っていますが、それでもなんとなく違和感がある時には、自分の本心から目をそらし、いいわけをしている自己欺瞞を疑ってください。

人はなぜ、本命の行動ではなく代替の行動に逃げ、それを自己正当化しようとするのかというと、簡単に言えば「傷つきたくない」からです。

人は、何らかの葛藤や痛みが発生することを予感したり、自分にとって困難が現れた時に、本能的に自分を守ろうとする「心の防衛反応」が働きます。

例えば、心の防衛反応として、「無意識に笑ってしまう」というものがあります。

笑いは、基本的にはポジティブな感情体験をした時に起こる反応なのですが、怒られた時や恥ずかしい思いをした時に、負の感情を抑制しようと、「笑ってごまかす」ことがあります。

パントマイムの神様、マルセル・マルソーは、笑っている仮面をつけて遊んでいるうちに、仮面が外れなくなり、仮面では笑いながら、心は泣いている様子を表現しました。

他者に見せている建前の自分と、内面の自分があまりにも乖離《かいり》していると生きづらさを感じますし、自分でも、建前と本心の区別がつかなくなってしまうことがあります。

自分の行動、考えていることと、感情、心がちぐはぐな感じがする時は、自己欺瞞のサインです。本心を無視し続けないでください。あなたは本当は何が欲しいのですか？

次の例のように、人生の理から生じる不安を紛らわせることに時間を使いすぎていませんか？

①死の不安
何かに没頭したり熱中して悩まないようにする
⇒ ワーカホリックになる（非合理的コーピング）
⇒ 仕事をしないと家族を養えないから（自己欺瞞）
＝生涯を通じて取り組むべきプロジェクトから目をそらし、目の前のタスクをこなすことで不安を紛らわせている（心の防衛反応）

②孤独の不安
友人やパートナーを探して寂しさを紛らわせる
⇒ 浮気を疑って何度もスマホをチェックする（非合理的コーピング）
⇒ 疑われるようなことをする相手が悪いから（自己欺瞞）
＝人は最初から最後まで独りであることから目をそらし、愛されていることの確認作業をすることで不安を紛らわせている（心の防衛反応）

③責任の不安

他人に決めてもらうことで責任を回避する

⇒　周囲に同調して自分の意見を言わない（非合理的コーピング）

⇒　自分の判断に自信がないから（自己欺瞞）

＝自分の選択には責任が伴うことから目をそらし、失敗した時には他人や環境のせいにすることで不安を紛らわせている（心の防衛反応）

このように、人は、直視したくない人生の理から生じる不安に対処する行動をとります。時にはそれが自分の本心と違った行動であったとしても、自分にウソをつき続け正当化し、気づいた時には、大きな後悔につながってしまうのです。

向き合わなければいけない本質から目をそらし、それでいいんだといいわけをすることに時間を使っている。

これが、人生の浪費の正体なのです。

損失回避（問題を解決しないとどんなヤバいことになるか）

どうすれば本質に向き合うことができるのか

人は「人生の３つの理」から逃れることはできない。
逃げようとすればするほど、幸福から遠ざかってしまうのではないだろうか？

私たち人間は、この世に生まれ落ちた瞬間から、本人の意思に関係なく、無情にも人生の３つの理（死・孤独・責任）を背負うことになります。

どうせ死ぬのに、なぜ生きるのか。
どうせ孤独なのに、なぜつながるのか。
どうせ責任を取らなければいけないのに、なぜ自分で決めるのか。

よく考えたら、無駄なことだらけではないだろうか、とも思えてきます。それって何か意味があるんだろうか、と考えてしまいます。しかし、結局どれだけ哲学しても、幸せにならなければそれこそ意味がありません。

カナダの哲学者バーナード・スーツは、1978年に発表した著書『キリギリスの哲学——ゲームプレイと理想の人生』（注9）で、倫理的な問題や人間の行動についての重要な考察を展開しています。

この本では、「アリとキリギリス」のキリギリスがソクラテスのような賢者として登場し、ゲームとは何かの対話を通じて、最終的に、「人生もゲームみたいなもんじゃない？」という結論に行きつきます。では、ゲームの定義とは何かというと、「**ゲームをプレイするとは、取り組む必要のない障壁を、自発的に越えようとする取り組みである**」ということです。

「人生にはもともと意味や目的なんかない。だから自分で決めるものだ」といったサルトルの主張にも通じるところがあります。

20世紀のイギリスで活躍した、分析哲学と言語学の研究者、ルートヴィヒ・ウィトゲンシュタインは、「語り得ぬものについては、沈黙せねばならない」という衝撃的な言葉で終わらせた『論理哲学論考』が有名です。彼の死後に出版された未発表の手稿や書きかけの論文、ノート、書簡などの集成物である『草稿』には、「幸福に生きよ！ということより以上は語り得ないと思われる」と記されています。

では、「幸福」とは？

１９７０年代以降の幸福度研究では、「主観的幸福感は所得水準と必ずしも相関しない」ことが重要なテーマの１つになってきています。

日本においても、実質ＧＤＰと生活満足度には関連が見られません。これは、日本だけではなく、経済成長を達成した多くの国で見られる傾向です。

２０１８年に発表された、神戸大学の研究チームが行った実証研究（注10）では、２万人の日本人の調査を行い、さまざまな質問をすることで、所得、学歴、健康、人間関係、自己決定が、幸福感に与える影響を分析しています。その結果、年齢との関係では、幸福感が中年期で落ち込む「U字型曲線」を描き、所得との関係では、所得が増加するにつれて、幸福度が増加するが、所得の増加率ほどには主観的幸福感は増加せず、その変化率の比も1100万円で最大となることが分かりました。また、幸福感を決定する要因としては、健康・人間関係に次ぐ変数としては、所得・学歴よりも「自己決定」が強い影響を与えることが分かりました。

自己決定（self-determination）というのは、進学先や就職先などの進路を、自分で決めたのか、それとも、周囲の勧めに従って決めたのかという質問に対する回答から、自分の進路を自分で決めたかどうかの度合いです。

「自分自身で選択をすることで、選択する行動への動機付けが高まる」という先行研究や、「自分の人生を自分でコントロールできる感覚が、幸福感や満足度に影響を与えている」という先行研究は非常に多いです。

漫画『鬼滅の刃』で、主人公・竈門炭治郎《かまどたんじろう》が、鬼に豹変してしまった妹・禰豆子《ねずこ》を切らないでほしいと冨岡義勇に命乞いをする場面で、義勇が「生殺与奪《せいさつよだつ》の権を他人に握らせるな！」と、炭治郎を叱咤する場面があります。

幸福感と所得は水準は比例しない

生活満足度及び1人当たり実質GDPの推移

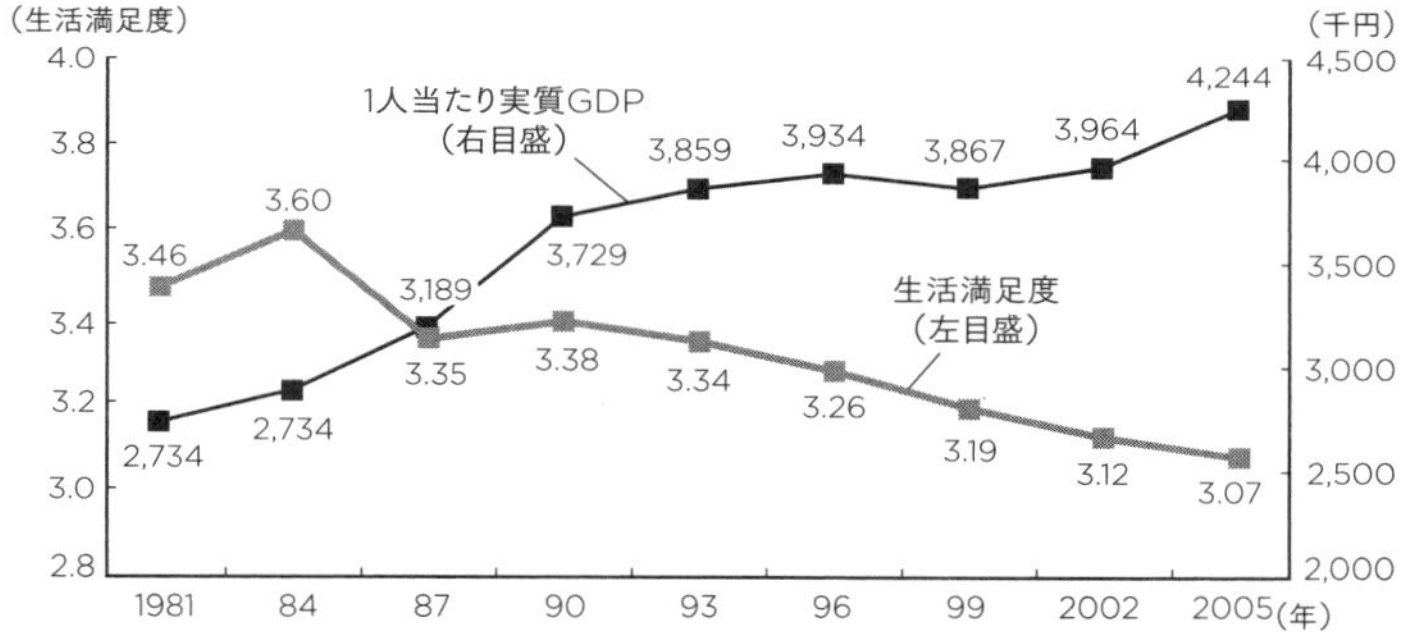

(備考) 1. 内閣府「国民生活選好度調査」、「国民経済計算確報」(1993年以前は平成14年確報、1996年以後は平成18年確報)、総務省「人口推計」により作成。
2. 「生活満足度」は「あなたは生活全般に満足していますか。それとも不満ですか。(○は1つ)」と尋ね、「満足している」から「不満である」までの5段階の回答に、「満足している」=5から「不満である」=1までの得点を与え、各項目ごとに回答者数で加重した平均得点を求め、満足度を指標化したもの。
3. 回答者は、全国の15歳以上75歳未満の男女(「わからない」、「無回答」を除く)。

1人当たりGDP(constant 2000 US$)と幸福度の関係

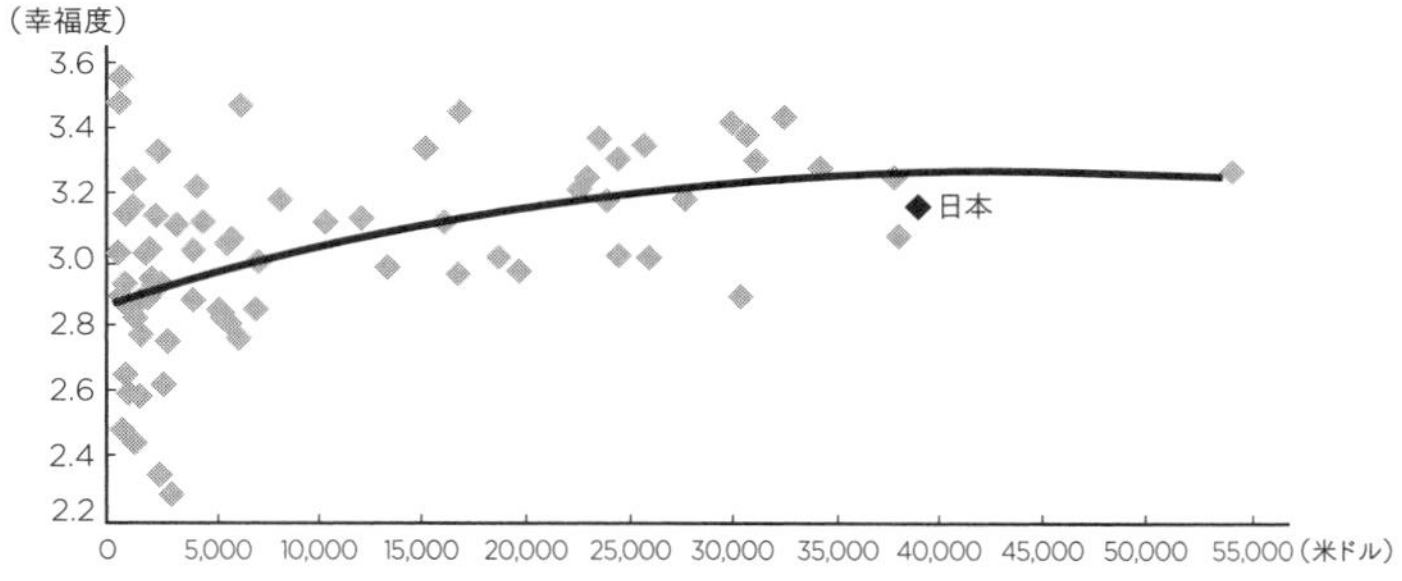

(備考) 1. 1人当たりGDPについては「WDI」、幸福度については以下のデータを使用。
Veenhoven, R., World Database of Happiness, Distributional Findings in Nations, Erasmus University Rotterdam. Available at : http://worlddatabaseofhappiness.eur.nl (2008/11/18)
2. 分析結果
(幸福度)=2.9031+(1.79E−05)×(1人当たりGDP)+(−2.13E−10)×(1人当たりGDP)^2
(71.809) (2.836) (−1.324)
R^2=0.2400、※( )内はt値

平成20年度国民生活白書より引用

「生殺与奪」とは、「他人を自分の思うままにすること」という意味で、義勇は、「自分を思うままにできる権利を他人に託すのはやめろ」ということを、命乞いした炭治郎に説いています。非常に緊迫したシーンで、炭治郎にも義勇にも、どちらにも感情移入してしまいます。

当時の炭治郎には、人に対する優しさや思いやりはありましたが、生き抜くためのスキルと智慧が足りませんでした。つまり、自立ができていなかったので、自分より強いものに依存したり迎合するしかなかったのです。

ようやく、私たちがどこへ向かえばいいのかの道筋が見えてきました。

本書が目指す「有意義な時間の使い方」とは、自分の人生の舵《かじ》を自分で握ることとその覚悟、そして智慧を手に入れ、人生の3つの理（死・孤独・責任）を受け入れながら、自分の人生をコントロールしていくこと、と定義します。

そのためのガイドを行っていきます。

幸福感を決定する要因は「自己決定」

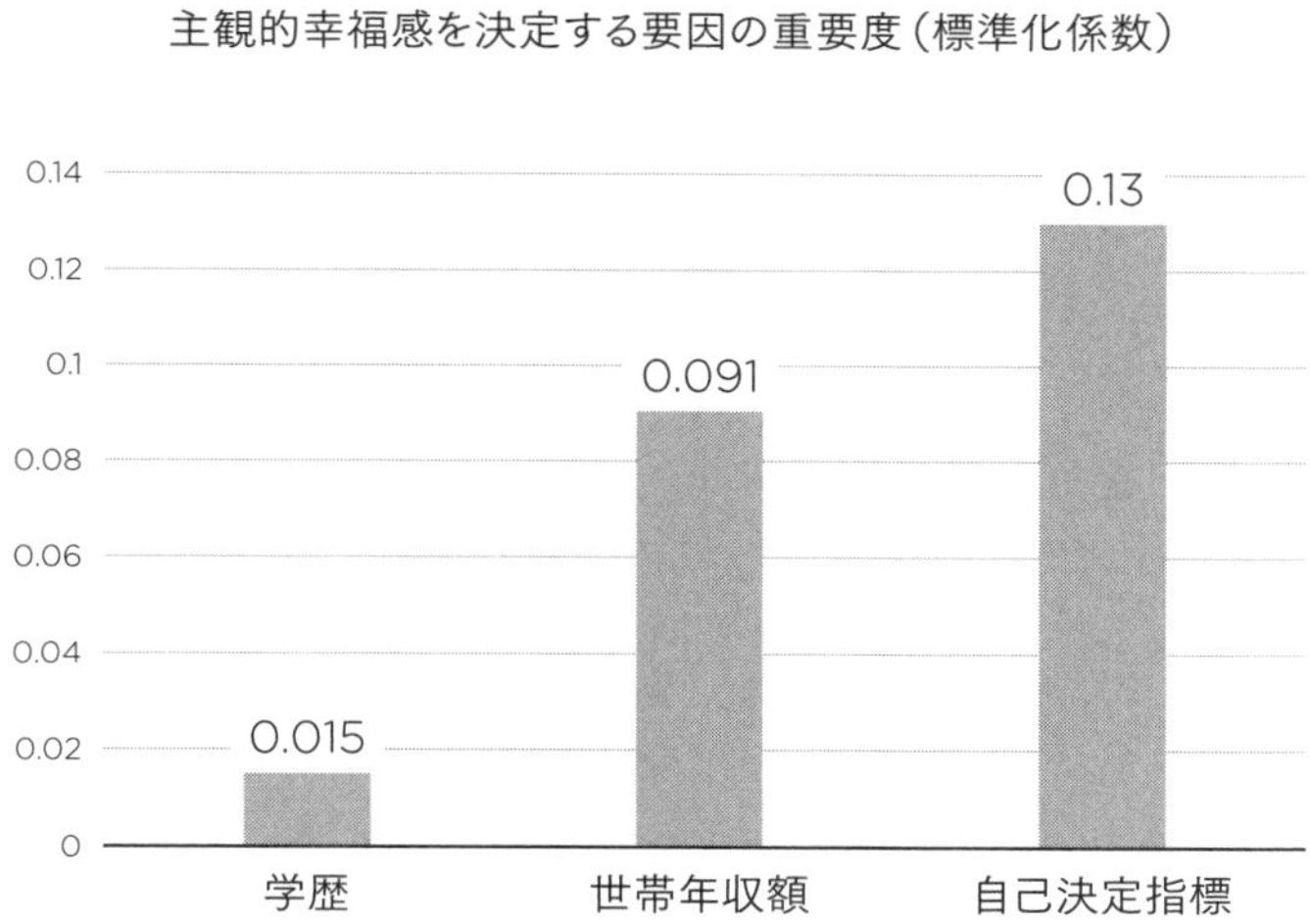

「幸福感と自己決定—日本における実証研究」
（神戸大学／経済産業研究所）より

解決策（具体的な解決策を提示し、行動を促す）

後悔しない人生を送るためにすべきこと

死を覚悟した人には共通する後悔がある。
後悔しないために、ハイデガーの言う「本来性」の人間性のあり方を目指そう。

数多くの患者を看取った緩和ケアの介護人、ブロニー・ウェアさんが著した書籍『死ぬ瞬間の5つの後悔』（注11）では、死を覚悟した患者に共通する後悔を記しています。

それがこの5つです。

「自分に正直な人生を生きればよかった」

「働きすぎなければよかった」
「思い切って自分の気持ちを伝えればよかった」
「友人と連絡を取り続ければよかった」
「幸せをあきらめなければよかった」

「もっとお金を儲けければよかった」という人は1人もいないのです。

5つの後悔の共通点は、「人生の理と向き合わず、自分の本心を無視して、自分にウソをつき続け、なんとなく周りに流されて生きてしまった結果」で、死を覚悟した時に自分の本心に気づくのです。

「無常を観ずるは菩提心の一なり」という仏教の教えがあります。

無常というのは、常がないこと。「永遠不変のものはない」ということです。本書でいえば、人生の3つの理のことです。無常（死、孤独、責任）と向き合うことは、本当の幸せを求める心（菩提心）を動かす第一歩なのです。

一刻も早くこの状態に気づき、自己欺瞞の沼から抜け出さなければ、なんとなく時間が過ぎ、あっという間に死んでしまいます。

日本の国花である桜は、10日間ほど咲き誇った後、儚《はかな》く散っていきますが、古くから国民に愛される理由は、その儚さに美を見出しているからともいえるでしょう。死を意識することは絶望ではなく、今この一瞬一瞬を大切に生きるためなのです。

その上で、私たちは何に時間を使うべきなのかを、自分で選択しなければいけません。何もしないという選択を含めて、です。

ドイツの哲学者マルティン・ハイデガーは、著書『存在と時間』の中で、人間のあり方には、「本来性」「非本来性」がある、といっています。「本来性」というのは、どんな確実なことよりも確実に迫り来る死というものを受け入れた上で、自分の生き方やあり方を自分で決めて生きていくことです。一方、「非本来性」は、確実に迫まっている死から目を背けて、みんながやっていることに埋没し、他人の価値観に迎合し、未来の不安を消す気晴らしに時間を使うことです。そして、多くの人は非本来性の生き方になっているといいます。

ハイデガーは、死・老い・病にも妨げられず、幸福になることが人生の目的だとも語っています。

そのような幸福を得るために、まずは、普遍的な真理である、人生の３つの理（死、孤独、責任）を受け入れ、しっかりと向き合った上で、「生まれてきて良かった」と思える人生を自分で選び取っていきましょう。

第2章で、人生の３つの理に向き合っていきます。

この章のまとめ

- ■時間術本、自己啓発本を読んでも解決できない３つの不安がある
- ■３つの不安に向き合わないと自己欺瞞を生む
- ■３つの不安と向き合い、自己コントロール感を取り戻すことで幸福に近づくことができる

第2章

承

人生の「3つの理（死・孤独・責任）」と向き合う

1 人生の浪費の正体	◁ 2 人生の3つの理	◁ 3 自分の本心	◁ 4 本心に従った行動

この章の目的

人生の苦痛や不安との
向き合い方を知る

問題提起（まだ解決できていない悩み）

逃げても逃げても、苦痛は追いかけてくる

人はそもそも苦痛や不安を感じるようにできている。
多くの人は「苦痛から逃げる」というアプローチをとるが、残念ながらそれはうまくいかないことが多い。

日本では、精神疾患の患者数は、ここ15年ほどの間で約１・６倍ほどに増え、２０１７年時点では、約４２０万人と、Ⅱ型糖尿病患者数よりも多くなっています。世界保健機関（ＷＨＯ）のまとめでは、生涯において４人に１人は精神的な疾患を抱え、そのうち３人に２人は未受診といわれています。

日本では、精神科や心療内科に行くことに抵抗のある方がまだまだ多いですが、「精神的に参ってしまう」というのはいたって普通のことなのです。

精神〝疾患〟とまでいかなくても、「なんとなく生きづらい」とか「何のために生きているのか分からない」といった、将来に対する漠然とした不安や閉塞感を抱いている人は多いでしょう。

お釈迦様は、「人生は苦である」といいましたが、最新の心理学研究では、まさに、「私たちが苦しみ悩むのは通常のことで、心理的な苦痛そのものを消すことはできない」という前提からスタートし、そのうえで、心理的な苦痛との適切な付き合い方を習得することにフォーカスしています。

人間にとって、苦痛や苦悩、恐怖や不安を感じるのは当たり前のことです。それを無くそうとしたり、見ないフリをすると、かえって恐怖感や不安感が増してしまう、というデータは多いです。

逆効果になる誤った自己啓発

何か好ましくない考えや思いが浮かんできた時に、「ああ、だめだめ考えないようにしよう」と思ったことはありませんか？　これは良くないコーピングです。

①「考えない」と思うと、より考えてしまう

ハーバード大学の心理学者ダニエル・ウェグナーのチームは、「それを考えないようにしよう」とすると、一時的には忘れられるものの、以前より頻繁にそれが思い出されてしまうという調査結果を発表しています。

「シロクマのことを考えないようにしてください」と言われると、かえってそのことが頭に浮かんで考えずにはいられなくなる実験から「シロクマのリバウンド効果」と名づけられました。

②「元気出して！」は逆効果

また、不安や恐怖を感じている人に、「元気出して！」など、無理にポジティブに考えるようにさせることも逆効果です。

ミシガン州立大学のジェイソン・モーザーらの研究では、「ネガティブな人に前向きなことを言うと逆効果になる」という結果が出ています。

この実験では、まず、ネガティブ思考かポジティブ思考かを自己申告してもらい、

ショッキングな映像を見せ、できるだけポジティブに解釈するように指示しました。その時の被験者の脳の血流を調べたのです。

映像を見た時、ポジティブ思考の人たちの脳の血流は大きな変化はありませんでしたが、ネガティブ思考の人の脳の血流は非常に早くなりました。血流が速くなるほど脳はパニック状態になっているということです。この状態で、「もっと前向きに考えて」と指示をしたところ、血流はゆるやかになるどころか加速してしまいました。

自尊心の低い人が、ポジティブ・アファメーション（ポジティブな自己暗示）をしても意味がないどころか、有害なケースもあるのです。

一度湧いてしまった不安や恐怖を無理にポジティブに捉えようとすると、脳が混乱してしまいます。ネガティブな状態の人をポジティブにしようとすると自己矛盾が生じ、かえって自分のネガティブさが強調されてしまうのです。

③ 笑うと前向きになる、は真偽不明

「悲しい時はウソでも笑え」という巷《ちまた》でよくあるアドバイスにも、否定的な結果が出ています。

これは「表情フィードバック仮説」といわれ、「悲しいから泣く」のではなく「泣くから悲しい」という理屈で、心理学の教科書には必ず登場する有名な説です。仮説が提唱されてから100年以上、追試が行われてきましたが、いまだに真偽がハッキリしていません。

1988年のフリッツ・ストラックらの実験では、参加者にコメディ映画を見せ、口にペンをくわえてもらいます。口をすぼめてくわえた時（口は〝ウ〟の形）と、ペンを歯でくわえた時（口は〝イ〟の形）で、映画の面白さを評価してもらったところ、イの表情を作った時の方が面白く感じる、という結果となり、論文は1000回以上引用されました。その後、2016年に、17の独立した研究チームによって大規模な再現実験が行われ、9つの研究室では、少しだけ効果が確認され、残り8つの研究室では効果が確認できませんでした。

他にも、2014年の香港科技大学のムコパディヤイらの研究では、「幸福を感じていない時に笑う被験者は、笑顔をつくると逆に気分が落ち込みやすくなる」ということが分かりました。さらに、「幸福を感じている時に笑う被験者は、笑顔になると気分が良くなる」ということも分かりました。

以上の実験結果から、幸せな状態の時は、笑顔によって幸福が増幅されるけれども、幸せでない状態の時に、無理やり笑顔をつくったり、ポジティブな自己洗脳をしようとしたりすると、自分の本心と行動に自己矛盾が生じてしまい、苦しくなる、という解釈ができます。

やはり、自分にウソをつくのは精神的に良くないのです。

人生の理である、死、孤独、責任は、直視するのが怖いものです。そして生きづらさの根本原因でもあるので、向き合うよりも見ないようにしたり、考えないようにしがちです。そして無理にポジティブに変換しようとしたり、自分にウソをついたりしています。

他人からのアドバイスや世の中にあふれる間違った自己啓発に、時間やお金を浪費していないでしょうか。

コラム

リサーチャー目線の残酷な真実
「科学的エビデンス」は必ずしも正しくない

本書を手に取られた方は、科学的な証拠に基づいて書かれた本を好む方が多いはずです。

過去に学んだ〝科学的な〟自己啓発について、なんとなくしっくり来なかった、自分には合わなかった、もっといい考え方やメソッドがあるのではないか、と思っている読者もまた多いでしょう。

研究者や専門家が、〝科学的なエビデンス〟付きで、時間の使い方や幸せになる方法について書いているはずなのに、上手く再現できない人もいるわけです。

それはなぜなのか、リサーチャー目線で残酷な真実をお伝えします。

1万時間の法則は再現に失敗している

最初に残念なお知らせですが、私たちが大好きな心理学、脳科学、行動経済学など、人気の学問で登場する有名な実験は、しばしば再現実験に失敗しています。

例えば、有名な、人は誰でも1万時間努力すれば達人になれるという「1万時間の法則」は、日本では、2009年に書籍が出版されベストセラー(注12)になっています。この発表以降、「プロになるには長い時間をかけた努力が必要である」という考えが、自己啓発の分野で広がりました。

1993年、この理論が提唱され始めた当時は、成功の半分は練習量で決まる！という結果になっていたのですが、その後、いくつかの追試が行われたものの、再現できなかったという報告が相次いでいます。

追試は、元の論文の実験デザインを見直した上で行われます。

例えば、

・バイオリニストを対象にしているので、他のスキルにも同じことがいえるわけではない
・後から練習量をインタビューしているので、成功している人の方が練習量を多く答えがちなんじゃない？

こういったあたりを微調整して追試が行われます。

２０１４年、プリンストン大学が発表したメタ分析（注13）では、過去に行われた音楽、ゲーム、勉強などの研究を再分析してみたところ、練習量の重要さはジャンルによって異なることが分かりました。

それによると、ゲーム、音楽、スポーツなど、明確にルールが決まっているものは練習するほどうまくなるが、それ以外は、どうやら練習量以外の要因が大きいということが分かりました。

「練習量以外の要因」とはなんなのか、ということに関しては言及されていません。ここをブラックボックスにしても、数学的には、割合を求められるのが、統計分析の特徴です。

各分野における、構造化された練習がパフォーマンスに及ぼす影響の割合

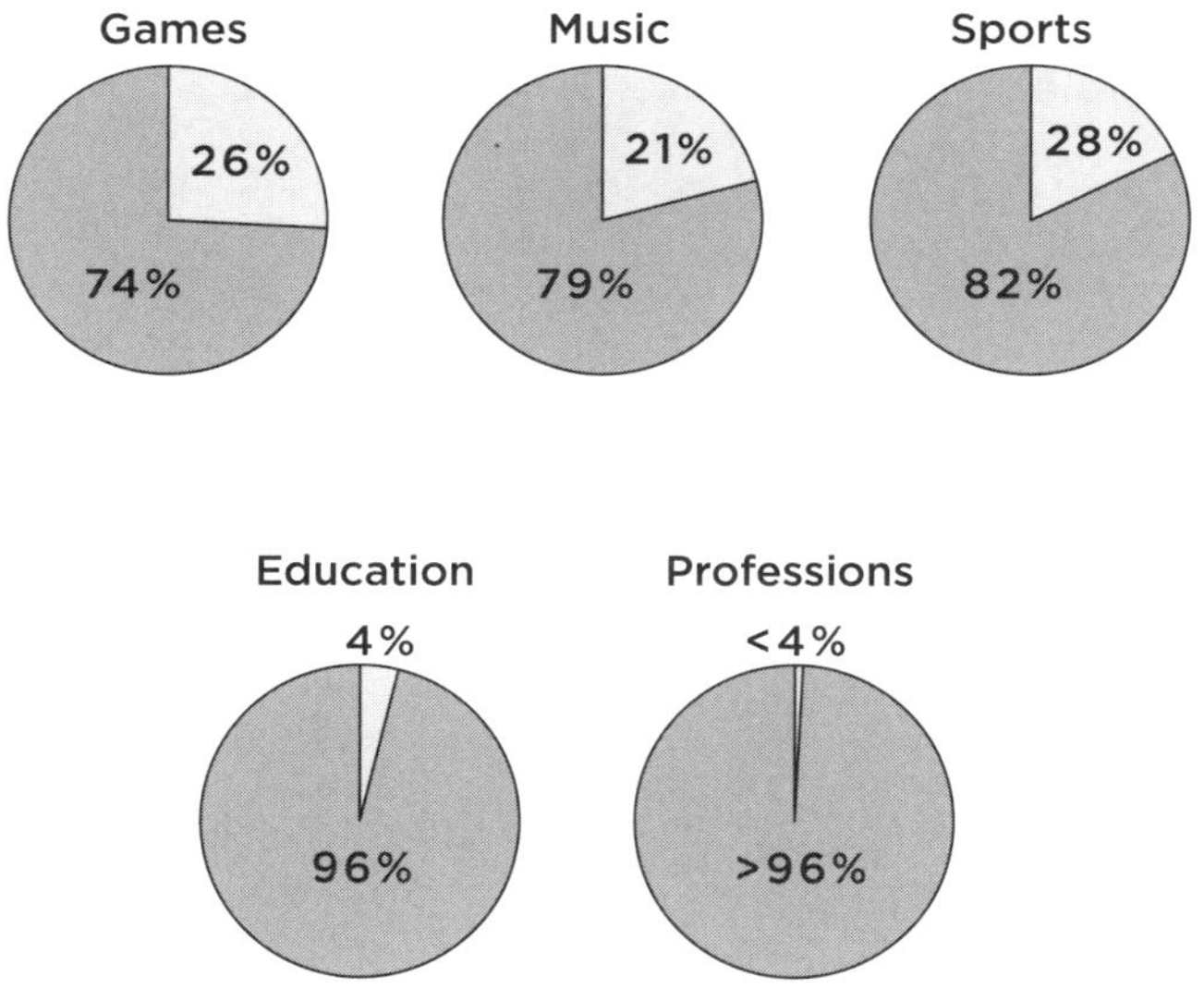

「練習量以外の要因」には、例えば、遺伝的なものや、ＩＱ、運の要素、性格的な特徴などが入ってくるでしょう。

それで今は、練習量以外の要素を特定することに目を向けましょうというスタンスで研究が進められていることが多いです。

他にも、再現性のない研究はたくさん報告されています。有名どころでいうと、次のものもそうです。

・『マシュマロ・テスト　成功する子しない子』（注14）

↓自制心が強い子どもは成功しやすい。

・『マインドセット「やればできる！」の研究』（注15）

↓才能より努力を褒めましょう。

その他にも、ベストセラーにまでなっている有名な理論が再現実験に失敗しているケースはかなりあります（ただし、再現実験に失敗しているからといって、間違いだった、ともいえません)。

実は、みなさんがいろんなところで目にする心理学研究は、「報告されている研究の半分以上が偽陽性(統計学的には偶然の結果でしかないものをあたかも確からしいものであるかのように報告)かもしれない」という報告さえあります。

2015年に『サイエンス』に掲載された論文では、100本の心理学研究を追試したところ、最終的に再現に成功した研究は、39%だけでした(注16)。

偽陽性について簡単に説明します。

あるウィルスに感染しているかどうか調べる検査があったとして、陽性と出た人が、必ず感染しているわけではありません。

陽性と出た人が実は感染していないことを、ニセの陽性ということで、偽陽性といいます。

その逆もあります。陰性と出た人が100%感染していないわけではありません。陰性と出た人が実は感染していることを、ニセの陰性ということ

	感染している	感染していない
検査陽性	**陽性**	**偽陽性**
検査陰性	**偽陰性**	**陰性**

で、偽陰性といいます。

心理学の実験などでは、効果があるかどうかを統計的に有意かどうかで判断しますが、論文の報告上は、統計的に有意な結果（〇〇は効果がある）になっても、真実は「効果があるとはいえない」研究が、半数以上あるということですね。

こう考えると、「科学的エビデンス」と謳っているものが、だんだん怪しく感じてきちゃいますよね。

ただ、再現に失敗しているからといって、「1万時間努力することは間違っている」という解釈も間違っています。間違っている訳ではなく、ある条件を満たせば再現できるし、満たせなければ再現できない、ということです。

1万時間の法則でいえば、ゲーム、音楽、スポーツなど、明確にルールが決まっているものは、練習するほどうまくなる。これが条件です。

エビデンスとはそもそもなんなのか

エビデンスとは、そもそもなんだと思いますか？　広い意味では、「主張の根拠となるもの」です。もう少し狭い意味だと、「科学的な証拠」という意味ですね。

エビデンス（科学的な証拠）に基づいて考えたり判断することは、非常に大事なことですが、エビデンス（科学的な証拠）とは、一体なんなのかというと、

「特定の条件下で見られる法則」

のことです。

エビデンスに基づいて考える時は、自分がその特定の条件を満たしているかを考えないといけません。

「専門家が言っているから」「権威ある大学からこういう論文が出ているから」といって鵜呑みにすることが、「科学的に考える」ことではありません。

「科学的エビデンス＝特定の条件下において見られた法則」をどこまで一般化していいかを考えることが必要です。

例えば、

「水は１００度で沸騰する」

これは、科学的エビデンスがあります。

じゃあ、次はどこまで一般化してよいでしょうか。

「沸騰したお湯を入れて３分で美味しいカップラーメンができる」

富士山の山頂だと、水は87度で沸騰します。エベレストだと70度です。

地上では早く美味しく作れたカップラーメンも、富士山で作るカップラーメンは、地上で作るよりも時間がかかって、ちょっとぬるいものができあがります。

水の沸点は気圧によって多少変化します。ですので、

「沸騰したお湯を入れて3分で美味しいカップラーメンができる」

のは、1気圧という特定の条件で再現ができる法則だということです。気圧という条件が変われば、沸点も変わるので、気圧に合わせてカップラーメンの蒸らし時間も変えないと、美味しいカップラーメンが再現できないのです。

ちなみに、この法則を応用した圧力鍋は、沸点が120度くらいになるので短時間で調理できるというわけです。

私たちは、「エビデンス」といわれるものを聞くたびに、「正しそうだ」と思考停止になるか、拡大解釈をしがちです。

「1万時間努力したら、誰でも、どんな分野でもプロになれる！　僕も努力するぞ！」

というのは、エビデンスに基づいた選択ではあるかもしれませんが、科学的に考えられているとはいえません。

そのエビデンスを活用し、再現するには、

他に、必要な条件はないか。どこまで一般化していいか。自分にも当てはまるのか。

を考えるようにしてほしいです。

しかし、実際には、いちいち論文を確認するのも大変です。

そこで、「科学的エビデンス」を採用する時の優先順位を示したいと思います。

活用方法① エビデンスレベルの見極め

世の中には、たくさんの科学的エビデンスがありますが、エビデンスにはレベルが存在します。エビデンスレベルが高い方が、より信頼できる情報だと判断してよいものになります。ざっくりレベル分けすると、こんな感じです。

低　エビデンスレベル　高

試験管実験 ➡ 動物実験 ➡ 専門家の意見や考え ➡ 観察研究 ➡ ランダム化比較試験 ➡ メタ分析、システマティック・レビュー

試験管実験は、試験管や培養器の中で、ヒトや動物の組織を用いて、体内と同様の環境を人工的に作り、薬物などの反応を見る実験です。

そして、マウス等の動物に薬物を直接投与して、反応を見るのが**動物実験**

です。

その後、ヒトによる臨床試験が行われ、効果や安全性についてパスしたものが正式に認可されます。

２０２３年10月、十分にヒトでの臨床試験がパスできていないものを「若返りに効く薬」と謳《うた》ったエクソソーム点滴で重大な事故が起きましたが、研究途上であるエクソソームを自由診療で勧めていたのは、美容外科医という美容や若返りの専門家です。

私たちは、何かの悩みを解決したいと思った時、まずは、**専門家の意見や考え**を参考にしますが、中にはトンデモ科学や、質の低いエビデンスをもとにした提案が少なくありません。したがって、専門家だからといって鵜呑みにするのは危険です。

続いて、**観察研究**ですが、特定の個人や集団の健康状態とか医療記録をデータ分析して、その傾向を出すものです。観察研究では、相関関係は分かりますが、因果関係までは分からないことが多いです。

例えば、よく医学の教科書などで説明される例で「コーヒーを飲む人は肺がんになりやすい」という話がありますが、コーヒーを飲む人は、飲みながらタバコを吸う人が多いようです。

実際に、喫煙の有無でグループ分けして肺がんの発生率を調べると、差はなくなり、コーヒーと肺がん発症は無関係ということが分かります。

そして、ヒトを対象にした臨床試験で行われるのが、**ランダム化比較試験（RCT）**です。

被験者はランダムに2つのグループに振り分けられ、一方には効果検証したいものを投与し、一方にはプラセボ（偽薬）を投与してその差を比較する、というものです。

こうすることによって、因果関係の証明ができます。

最後、**メタ分析**、**システマティック・レビュー**は、分析の分析で、ランダム化比較試験などの質の高い複数の研究を統合して、答えを出すものです。

「今はこれが正解です」と言っていい、一番信用できるエビデンスです。
ＲＣＴやメタ分析の結果をもとに、診療のガイドライン（手順や指針）が作られたり、情報が更新されたりします。

このように、エビデンスと一口に言っても、レベルがあるということをぜひ覚えておいてください。

活用方法②
自分に合ったことを見極める

基本的には、ガイドラインに沿って問題解決をしていきつつも、人間の身体や心理は、機械のように単純ではありません。生物学的な見解だけでは説明できないこともあります。

例えば、薬理効果のないプラセボ錠を飲んでも、思い込みの力で改善したりするのが人間です。

上手くいっている人、成功している人の特徴を何か1つ挙げるとするならば、「**自分に合ったことをしている**」ということです。

「自分に合う、合わない」ことの例として、例えば「朝型と夜型」があります。

歴史上の天才たち161人の日課を集めた『天才たちの日課』(注17)では、起床時間や就寝時間、日々のルーティンなどの生活リズムが紹介されているのですが、てんでバラバラです。成功者は早寝早起きをしているイメージがあるかもしれませんが、遅寝遅起きの人もいます。

これは、人にはクロノタイプといって、朝型/夜型のように、どの時間帯に活動するのが向いているのかが、人によって異なるからです。

電気がなかった頃は、夜は交代で見張りをしていました。進化論的にいえば、ヒトは役割分担をすることによって生存競争に勝っていったので、その子孫である我々も、遺伝的に夜型と朝型とで分かれています。これは遺伝子検査で分かります。

　このように、人間にはそれぞれ個性があり、それに合わせた戦略が必要です。それにもかかわらず、本当は夜型なのに、早起きして朝活で人生を変えようとか、体格も才能もまるで違うのに、大谷翔平が高校生の時にやっていたことの真似をするのは、エビデンスを活用できているとはいえません。

　人間には、生物として見た時の共通性と、個人として見た時の差異性があります。

　多くの天才に、「日課にする習慣を持っている」という共通点はあるものの、「何をしているか」は、各人で異なるのです。

　世の中には、どちらかに偏った情報が多いですが、極端な意見というのはだいたい間違っています。人は共通性も差異性もどちらも持っているのです。

　本書では、共通性（多くの人に効果があり安全）と差異性（個人に合わせた戦略）のどちらも大切にした、人生が充実する時間の使い方のヒントを提示したいと思います。

原因特定、証拠（問題が発生するメカニズム、意外な事実やデータ）

人生の向き合い方と苦痛への処方箋：3つの原則

自分でコントロールできることとできないことを区別すると、人生を主体的に生きられるようになるのではないか。

充実した人生の過ごし方と、生きていく上で生じる心理的な苦痛（ストレス）をなんとかしたいという悩みは、今に始まったことではなく、お釈迦様の時代からアリストレスやプラトンなどの古代哲学者、現代の科学者まで、約2600年の歴史において、膨大な論考と研究が行われてきました。

時代によって少しずつ考えは変わりますが、これまで歴史上の智慧人が出してきた、人生の向き合い方と苦痛への処方箋は、大きく3つの点で共通する考えがあります。

１つ目は、変えられないものと変えられるものを区別せよ、ということ。
２つ目は、人生に対して主体的に参加せよ、ということ。
３つ目は、人生に苦は必要である、ということです。

この３つは、充実した人生を過ごすうえで、外れてはいけない原則です。ひとつずつ見ていきましょう。

１つ目の原則：変えられないものと変えられるものを区別せよ

今から700年程前、鎌倉時代後期に書かれた仏教書『歎異抄《たんにしょう》』は、今や世界中の哲学者や思想家を魅了する名著とされています。

作家の司馬遼太郎は、「無人島に1冊の本を持っていくとしたら『歎異抄』だ」と言っています。また、20世紀最大の哲学者と言われ『存在と時間』を記したハイデガーは、英訳された『歎異抄』を読んで、「10年前にこんなに素晴らしい聖者が東洋にいたことを知っていたら、ギリシャ語やラテン語の勉強をせず、日本語を学んで世界中に広めることを生きがいにしただろう。しかし、遅かった」と晩年の日記に記しています。

『歎異抄』は、親鸞聖人《しんらんしょうにん》の教えを、唯円《ゆいえん》という弟子が書き記したとされています。

親鸞聖人は、私たちの苦しみには、**「根本」**と**「枝葉」**の2種類あるといいます。

簡単に説明すると、「枝葉」は、欲望や妄念《もうねん》、嫉妬などの「煩悩」のことで、「根本」は、死んだらどうなるか分からない、「死後が暗い心の病」と言いました。

根本の苦しみを断ち切らない限り、枝葉は、私たちを苦しめ悩ませ続けます。

そして、枝葉の苦しみを、「治らない病」、根本の苦しみを、「治る病」としました。

我々は、煩悩を持ったまま、「死後が暗い心の病」を生きているうちに治すことができる、というのが親鸞聖人の教えです。

アメリカには、次のような言葉があります。

「神よ、変えることのできないものを静穏に受け入れる力を与えてください。

変えるべきものを変える勇気を、

そして、変えられないものと変えるべきものを区別する賢さを与えてください。
一日一日を生き、
この時をつねに喜びをもって受け入れ、
困難は平穏への道として受け入れさせてください。

これまでの私の考え方を捨て、
イエス・キリストがされたように、
この罪深い世界をそのままに受け入れさせてください。

あなたのご計画にこの身を委ねれば、あなたが全てを正しくされることを信じています。
そして、この人生が小さくとも幸福なものとなり、天国のあなたのもとで永遠の幸福を得ると知っています。

アーメン」

これは「ニーバーの祈り」といわれ、アメリカの神学者であるラインホルド・ニーバーが作者であるとされており、今でも多数の書籍に引用されています。

「変えることができないもの」とは、親鸞がいうところの、「煩悩の苦しみ」のことで、「変えるべきもの」とは、「死後が暗い心の病」であると解釈することができます。

それでは、私たちが、目を向けるべき「変えるべきもの」とはなんなのでしょうか。

2つ目の原則：人生に対して主体的に参加せよ

カリフォルニア大学で社会心理学とポジティブ心理学の教鞭を取っているソニア・リュボミアスキー教授は、人の幸福度を決定する要因のうち、遺伝による設定値が50%を占めており、経済状況、健康レベル、容姿、配偶者の有無などの生活環境や状況が10%。残り40%が、私たちの「意図的な行動」で説明できることを双生児研究により明らかにしました(注18)。

幸福度のバラつきは、半分が遺伝によるもので、生まれながらに幸福を感じやすい

What Determines Happiness?

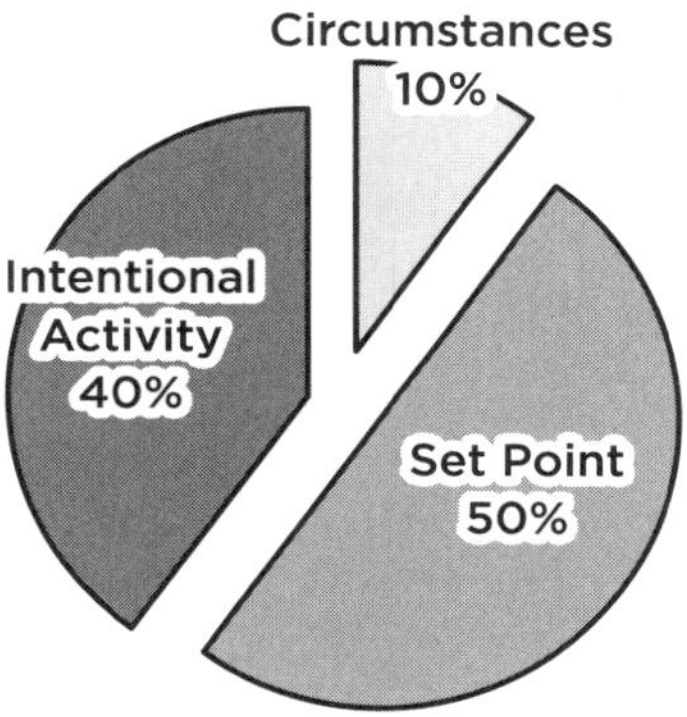

Three primary factors influencing the chronic happiness level.

人とそうでない人がいます。

そして、生活環境の影響が10%しかないのは驚きですが、例えば、経済状況については、アメリカの経済学者であるリチャード・イースタリンが、1970年代に、GDP（国内総生産）の伸びと幸福度（満足度）は一定の所得水準までは正の相関関係が見られるものの、それを超えると相関関係が見られなくなるという、幸福のパラドクス（イースタリン・パラドクス）を発表して以降、幸福度研究では、主観的幸福感が所得水準と必ずしも相関しないことが重要なテーマの1つとなっています（※75ページの図参照）。

日本においても、実質GDPと生活満足度には関連が見られません。これは、日本だけではなく、経済成長を達成した多くの国で見られる傾向です。

経済的な豊かさを表わす1人当たりGDPと幸福度には明確な相関関係が見られない——これには、2つの仮説が考えられています。「快楽順応仮説」と「相対所得仮説」です。

「快楽順応仮説」とは、例えば宝くじが当たった時、最初は幸福ですが、徐々に慣れてしまいます。他にも、結婚した直後は幸福度が上がりますが、その後は下がっていきます。喜ばしいイベントや、富や名声を得て束の間の喜びを味わった後は、遺伝の設定値に戻るということです。

「相対所得仮説」とは、幸福度は周囲の人との比較で決まるため、自分よりも稼いでいる人やいい暮らしをしている人が周囲にいると、「あの人と比較すると自分は幸せではない」と思ってしまうものです。近年では、SNS等で、自分よりもいい暮らしをしている人が可視化されやすくなっているため、「他者と比較する機会」が増えているといえます。

そして、幸福度の40％を決める**「意図的な行動」**というのは、人に親切にする、家族や友人との人間関係を育てる、身体を動かす、感謝の気持ちを表す、など、「自分の価値観に沿った内的で習慣的な行動」のことです。

住む場所や仕事、パートナーなど、自分の外側の環境を整えることも幸せにつながりますが、それ以上に、自分自身を豊かに整える習慣的で主体的な行動が、長期的で持続的な幸せに影響しているということです。

我々が集中すべきは、遺伝子を変えることでも、外側を変えることでもなく、自分で変えられる習慣的な行動なのです。

そして幸福な人にも、トラブルや災害などなんらかのストレスは必ずあり、誰でも苦痛を感じます。その時に重要なのが、**「困難に直面した時の対処や態度」**です。

３つ目の原則：人生に苦は必要である

人が幸せになるには、ポジティブな体験を増やし、ネガティブな体験を減らすことが必要なのではないかと思うかもしれません。

愛する人に囲まれ、お金や健康の心配がなく、趣味に興じたり、海外旅行に好きなだけ行っている「ストレスのない生活」を送っている人を想像すると、さぞかし幸せだろうなと思うかもしれません。傍《はた》から見ると、憧れやうらやましさを感じます。

私たちの周りには、「努力をせずに成功する方法や、生活が便利で楽になる商品」の広告があふれていますが、それらは必ずしもあなたを幸せにしてくれるわけではありません。

むしろ**「苦痛を逃れて楽に生きたい」は、幸福からは遠ざかる選択であることも多いのです。**

私たちは、なるべく少ない労力で楽をしたいと考えますが、実際には、これまで払ってきたコスト(時間・労力・お金)の総量が、幸福感を高める傾向があります。これを、心理学では「**努力のパラドクス**」といいます。

タイパ重視、コスパ重視の選択は、最初は幸福感を高めてくれますが、それが日常になってしまうと、快楽順応によって幸福を感じにくくなってしまいます。

便利な世の中になるにつれて、「自分でコストを払う」「努力する」という体験が少なくなると、日常を離れて山奥にキャンプに行ったり、家具を買わずにＤＩＹをしたり、辛い筋トレをするなど、苦痛の状態を意図的に作ることによって、日常との〝振れ幅〟を作りだし、幸福感を〝創造〟している方もいます。

また、近年では「レジリエンス」という言葉が世間でも注目されるようになっていいます。困難や脅威に直面しても、しなやかに乗り越える精神的な回復力を表す言葉です。

なんらかの逆境によって生物が強くなる現象は「ホルミシス」と呼ばれます。人間の例で最も分かりやすいのは、運動です。運動によって身体に負荷がかかり、一時的にはストレスホルモンなどの有害な物質が生成されますが、長い目で見れば、人をより健康にします。

１９９１年にアメリカで行われた実験で、温室という恵まれた環境で育った木は、急速に成長するけれどすぐに枯れてしまうことが分かりました。世話や栄養が足りなかったわけではなく、欠けていたのはストレスでした。具体的には、風というストレスが、木をたくましく強く育ててくれることが分かったのです。

ストレスにより細胞が傷つくことがいけないのではなく、それを自らで修復することで強くなっていきます。「可愛い子には旅をさせよ」という言葉がありますが、長い目で見れば、ストレスをゼロにして楽しいことだけやっていこう、という選択では、人間もすぐに枯れて（老けて）しまうかもしれないのです。

このように、私たちが幸せを求めて行っている〝はず〟の選択や行動が、実際には正反対の結果になることがあります。人間は、そのままで幸せになるようにはできておらず、充実した人生を送るために意識しないといけないことを学ぶべきなのです。

時間（人生）の使い方における、先人の智慧3つをまとめます。

後悔する時間（人生）の使い方

- 自分で変えられないことで悩み続ける
- 富や名声など、外発的な動機で動き続ける
- 苦痛を避け、楽な選択をし続ける

充実する時間（人生）の使い方
・自分で変えられることに集中する
・自分の価値観など、内発的な動機を大切にし、行動する
・ストレスを自身の成長の糧にする

「自分で変えられること」とはなんなのか？

ここからは具体的に、どのようなことを意識したら、充実する時間（人生）の使い方ができるようになるのか、順を追って説明していきます。

一緒に簡単なワークをやっていきましょう。

まず、簡単な準備運動です。次のことを、５秒以内に行ってください。

①今朝の天気を思い出してください

②深呼吸してください

③楽しい気持ちになってください

④汗をかいてください

さて、いかがでしょうか。
比較的簡単にできたのは、①と②ではないでしょうか？
そして難しかったのは、③と④ではないでしょうか？

①〜④すべて自分の内面で起こる変化ですが、簡単にできるものもあれば、できないものもありますよね。これは、活動する部位が異なるためです。

それぞれ次のように分けることができます。

【認知】①今朝の天気を思い出してください

【行動】②深呼吸してください

【感情】③楽しい気持ちになってください

【身体反応】④汗をかいてください

これらはそれぞれ独立したものではなく、相互に影響し合っています。

例えば、いいお天気の中で散歩していると（行動）、心拍数が上がり（身体反応）、気分が上がり（感情）、前向きなことを考えやすくなります（認知）。

他にも、温泉に入ると（行動）、身体がポカポカし（身体反応）、心地いい気持ちになり（感情）、悲観的な考えが浮かびにくくなります（認知）。

2008年、アメリカのメジャーな学術誌『サイエンス』に掲載された論文では、身体的な温かさを感じると、目の前の人のことを優しい、穏やかな温かい人間だと感じるという、2つの実験結果を紹介しています（注19）。

1つは、ホットコーヒーとアイスコーヒーの温度差で人の評価がどう変わるかの実験です。

41人の大学生にホットコーヒーかアイスコーヒーのどちらかを手渡し、Aという人物の資料を読んだ後にAがどんな性格かを10項目で評価してもらいました。

結果は、温かいコーヒーを受け取った人は、Aへの評価が『優しい、穏やか』であったのに対し、冷たいコーヒーを受け取った人のAへの評価は、『優しくはない、利己的』でした。

物理的な温かさが、人物評価に影響を与えることが分かったのです。

2つ目の実験は、温度差が他人に対しての振る舞いを変えるかという実験です。

53人の大学生に治療用パッド（中にゲルが入っている）の製品評価を装って、温めたホットパッドか、冷やしたコールドパッドを渡しました。製品評価をしてもらった後、報酬としてドリンクまたはアイスクリーム券を「自分用」か「友達用」の2つから選んでもらいました。

その結果、ホットパッドを渡された参加者の約54％が友達用を選んだのに対し、コールドパッドでは約75％が自分用を選びました。物理的な温かさは、個人的な報酬より友人への報酬（社会的報酬）を重視することが示されました。

この2つの実験結果で、温かさは、人物評価だけでなく、他人に対する振る舞いにも影響を与えることが示されたのです。

このように、身体で感じとった情報が、認知情報処理にも影響することを**身体的認知（embodied cognition）**といいます。

お店の回転率を上げたい時にアップテンポな曲をかける、とか、逆にゆっくりしてほしい時は座り心地のいいソファにするとか、そういった心理テクニックは有名な話ですね。

前を向いて歩いていると、後ろ向きなことは考えにくくなりますし、温水に包まれると、自分は温かい人間だと錯覚しやすくなるわけですね。

このように、認知、行動、感情、身体反応は、それぞれ相互に影響し合い、受け取った情報の整合性を取ろうとします。

人はありのままの世界を見ているわけではなく、受け取った情報を自分の中で整合性が取れるように瞬時に〝変換〟してから、解釈したり評価しています。出来事そのものには評価は存在しませんが、私たちの心のフィルターを通して、出来事に「良い悪い」というジャッジを下しているのです。

例えば、「部下が言われたことしかやらず、何事にも〝型〟や〝お手本〟を求めてくる」という出来事があった時に、

「少しは自分で考えるべきだ」

「私が自分でやった方が早い」

という考えが浮かんだとします。

これは認知が活動した状態ですね。

認知・感情・行動・身体反応はつながっている

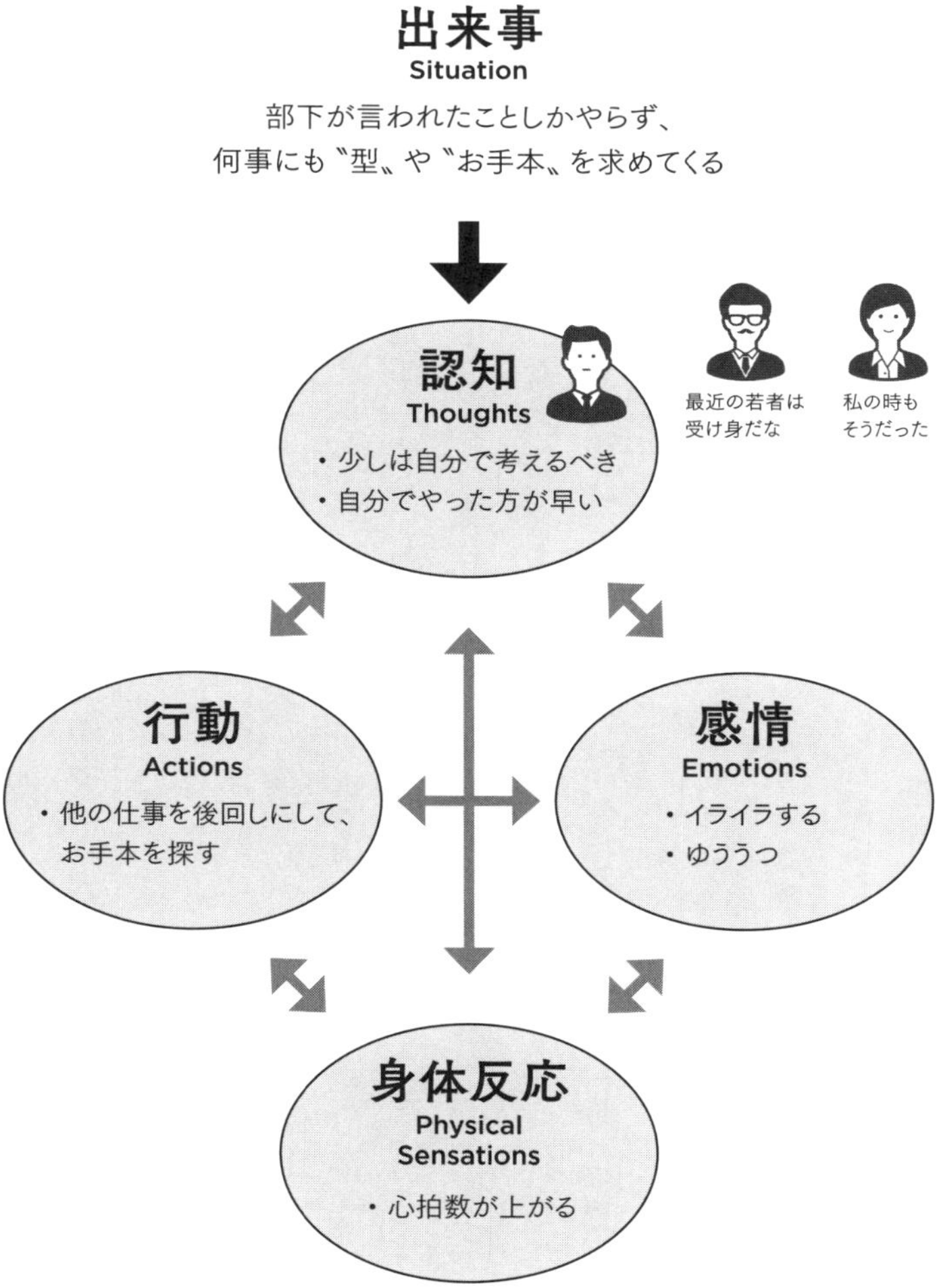
出来事
Situation
部下が言われたことしかやらず、
何事にも〝型〟や〝お手本〟を求めてくる
認知
Thoughts
・少しは自分で考えるべき
・自分でやった方が早い
最近の若者は
受け身だな
私の時も
そうだった
行動
Actions
・他の仕事を後回しにして、
お手本を探す
感情
Emotions
・イライラする
・ゆううつ
身体反応
Physical
Sensations
・心拍数が上がる

そして、同じような速さで、イライラしたり、ゆううつな気分になったり（感情の変化）、心拍数が上がったり（身体反応の変化）、その結果、仕方なく他の仕事を後回しにしてお手本を示す（行動の変化）、それをしながら、またイライラする（感情の変化）、といったことが起こります。

このように、なんらかの出来事が起きた時に、認知、行動、感情、身体反応が、相互に影響しあい、短期間の間にほぼ同時に変化が起こります。

また、同じ出来事を経験しても、認知（考え方、捉え方）は人によって違います。「最近の若者は受け身だな」、と思う人もいれば、「私の時もそうだった」、と思う人もいます。

この認知（出来事に対する考え方や捉え方）が異なると、連動している行動、感情、身体反応も、変わっていきます。

準備運動でやったように、認知と行動は、自分でコントロールしやすいですが、感情や身体反応はコントロールしにくいので、認知と行動を変えることで、感情や身体反応、そして、結果を変えていくのが**認知行動療法（Cognitive Behavior Therapy**

自分でコントロールできるのは「認知」と「行動」のみ

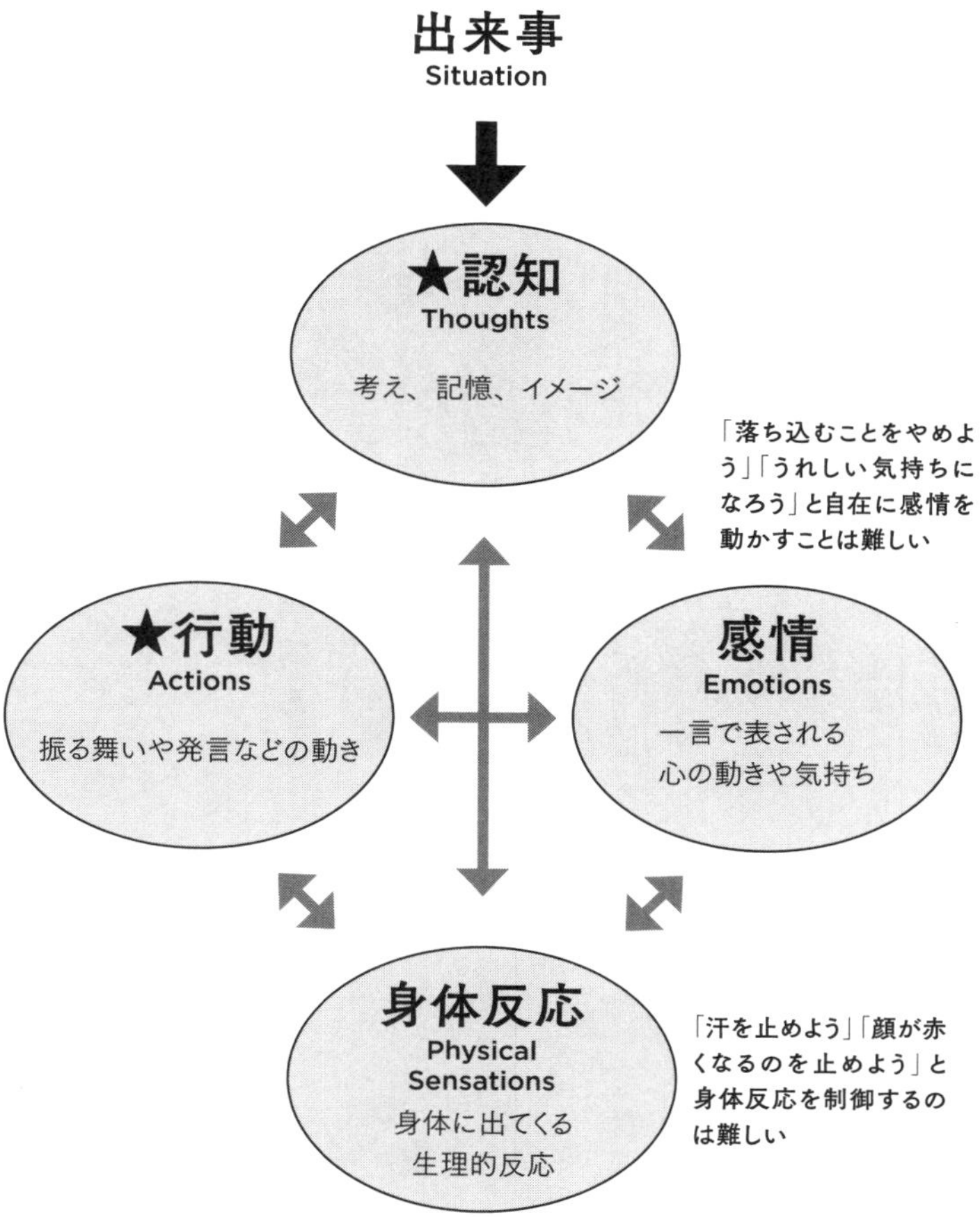

※以下、CBT）といわれる心理療法です。CBTは、数ある心理療法の中で、エビデンスの量・質ともに群を抜いて効果を発揮しています。科学的に効果のある脳トレといっても差し支えないでしょう。

ポジティブシンキングは無理がある

「ポジティブな気持ちになる」とか、「嫌な感情を消す」ということは、実は非常に難しいということがお分かりいただけたでしょうか。

何事にも動じない鋼《はがね》のメンタルを手に入れることが、悟りを開くことではありません。それは人間には不可能です。また、嫌なことがあった時に、すべて前向きに捉えるポジティブシンキングをもって根拠のないことを心から信じることはできません。

CBTでは、本人が納得感を持った上で、偏った認知や行動を現実に即したものに変えていきます。

CBTは、ADHDの治療や、不眠治療、腰痛などの慢性疼痛治療、ダイエット、人間関係改善など非常に幅広い分野で用いられ、成果を出しており、WHOや厚生労働省の治療ガイドラインにも組み込まれているほどです。

私が不定期で開催している「思考力を鍛えるオンラインジム」で行ったＣＢＴでは、これまで約５００名の方が参加し、約１ヵ月間にわたりＣＢＴのワークを行いました。その結果を一部共有します。

「否定的な自動思考」というのは、自分、他者、将来、過去に持っている、脊髄反射的に湧いてくるネガティブな認知の歪みのことです。

例えば、上司とチャットのやり取りをしていて、上司から「それで結構です」というメッセージが送られてきたとしましょう。

この字面を見て、「嫌われたかな？」「何かマズいことをしたかな？」「怒ってる？」と瞬間的に湧き上がってくる解釈が、否定的な自動思考です。実際には、確認しないと分からないことに対して邪推してしまい、勝手に落ち込む、というパターンを常習的に繰り返していると、仕事や人間関係がスムーズに運びにくいですよね。

こういった認知の歪みは、程度の差こそあれ誰でも持っており、いろんな種類があります。こういった適切でない認知を、妥当な認知に変えていくのがＣＢＴの役割です。弊社で実施した１ヵ月間のトレーニングでは、計15項目を効果測定し、全項目、

CBTワークによる思考の変化（男女別）

すべての項目で改善し、統計的に有意

	全体（n＝226）		男性（n＝174）		女性（n＝50）	
	改善率	統計有意	改善率	統計有意	改善率	統計有意
将来否定	9.26%	★★★	8.29%	★★★	12.92%	★★★
脅威予測	11.62%	★★★	11.46%	★★★	11.86%	★★★
自己否定	16.60%	★★★	15.54%	★★★	20.68%	★★★
過去否定	10.61%	★★★	9.26%	★★★	14.95%	★★★
対人脅威度	11.21%	★★★	10.18%	★★★	16.04%	★★★

有意水準（a）★＜0.05、★★＜0.03、★★★＜0.01

調査対象　20～70代の男女
※効果測定には、DACS質問紙調査を使用し、トレーニング前後で比較。

統計的に有意に改善しています。

少しでも自分を変えたい、変わりたいと思った時に、「自分のことなんだから全てコントロールできる」というのは誤りですし、「ネガティブなのは、元々そういう性格だから治らない」というのも誤りです。

メンタルを病みやすい人は、白か黒かの二択でしか捉えていないケースが多く、第三の選択があることや、世の中はグラデーションである、という認知に修正していくのも、CBTの基本です。

まずは、私たちがコントロールできる「自分」は、認知と行動である、という

ことを覚えてください。

認知的アプローチで、「自分で変えられること」を理解する

私たちがコントロールできるのは認知と行動だということが分かった上で、次のワークをやってみましょう。

ワーク

人生の３つの理（死、孤独、責任）について、あなたが抱いている認知（考え方やイメージ）はどんなものがあるでしょうか？

少し時間をとって、紙に書き出してみてください。

死‥

孤独‥

責任：

書くことはなんでも構いません。怖い、寂しい、といった感情を表す単語でもいいし、暗い、病室、といった、見えた（聞こえた）イメージでも構いません。

自分の中にあるものを書き出したり話したりして、外に出して表現することを「外在化」といいますが、これは、自分自身と課題を切り離して客観視するために非常に重要なテクニックです。悩んでいる時というのは、自分自身と問題が一体化してしまっているため、自己否定の感情が強くなります。CBTで特に重要なのは、**自分自身と問題を切り分け、客観視する**ことです。めんどうくさがらずに、思いついたことを書いてみましょう。

上手く書こうとか、論理的に書こうと思わないでください。論理的に書こうとすると自分でストーリーを捏造してしまい、本心に気づきにくくなってしまいます。

頭の中にある、死や老いについてのあなたのイメージや不安ごとを、できるだけ書いてみてください。外見が衰える、足腰が弱くなる、目や耳が悪くなる、忘れっぽくなる、他人に助けてもらわないといけない——など。

どちらかというとネガティブなものが多いのではないでしょうか。

肉体的にも精神的にも認知的にも衰え、ただ死を待つだけの存在になるだろうとイメージする方が多いかもしれません。

しかし、老いに対してネガティブなイメージを持つと、老いが加速する傾向があります。

ある調査（注20）によると、「年をとると悪いことが起こる」と信じていると、年齢を重ねるにつれて意欲が減退し、健康を維持しようとする気も起きなくなっていきます。

心理学では、「悪いことが起きるだろう」と思っていると、本当にそうなってしまうことを**負の自己成就予言**といいます。反対に、老いに対してポジティブなイメージを持っている人は、そうでない人と比較して、平均寿命が7・5年も長いそうです。
研究者は、老いに対するネガティブな固定観念を捨てるには、幸せで健康的な生活を送っている年配の人を見るのがいい、と言っています。今は、YouTubeなどで年配の方が元気に発信されている様子を見ることもでき、勇気や元気をもらうことも多いでしょう。

1人のランナーの記録が世界中のランナーの認知を変えた

私たちの選択や思考は、思っている以上に、日頃触れている情報の影響を受けています。

有名なエピソードをご紹介します。

1923年当時、1マイル走（約1・6㎞）の世界記録は4分10秒3でした。1945年には4分1秒4まで短縮されましたが、「人類は4分の壁を超えることができない」といわれていました。

しかし1954年、陸上選手のロジャー・バニスターが、ついに3分59秒4という記録を打ち立て、4分の壁を破りました。

さて、次にロジャーの記録が更新されたのは何年後でしょう？

記録更新に数年かかっているのだから、そのくらいかかったのではと思うかもしれませんが、なんと、46日後に3分58秒の記録を出した選手がいました。

そして、1年間の間に23人もの選手が1マイル4分の壁を打ち破ったのです。バニスターが4分の壁を打ち破ったことで、それを目の当たりにした人の認知が、「4分の壁は超えられない」から、「自分にもできるかもしれない」という認知に書き変わり、実際に記録も変わったのです。


このように、本当は可能性があるのに、無意識に「超えられない壁」を作ったり、「非合理的な思い込み」があると、現実もそのようになってしまうことがあります。

バニスターの偉業は、世界のランニングコミュニティに大きなインスピレーションを与え、彼の記録更新はスポーツの歴史において重要な出来事として位置付けられています。

この記録は、当時の専門家や多くの人々が考えていたよりも、人間の身体能力にはまだ可能性があることを示すものであり、スポーツと人間の能力に対する見方を変えるきっかけとなりました。

バニスターは医学の学位を取得しており、後には神経学の研究者としても活動していたようで、科学的トレーニング方法の探求によって４分の壁を打ち破りました。

跳べなくなるノミの話

人々が心理的な制約や過去の経験によって自らの能力を制限してしまうことに対するメタファーとして、「跳べなくなるノミの話」があります。

ある日、ノミがガラスのコップの中に閉じ込められました。ノミはコップの中でジャンプし続けましたが、コップの壁にぶつかってうまく飛び出すことができませんでした。ノミは何度も何度も飛び跳ね、壁にぶつかり、とうとうあきらめてしまいました。

その後、ノミはコップから出され、再び自由になりました。しかし、自由になった後も、ノミはまだコップの中に閉じ込められていると思い込んでいました。そのため、ノミは自由にジャンプできるにもかかわらず、コップの高さまでしかジャンプしませんでした。

この物語は、ポジティブ心理学のメタファーとして使われます（実際に行われた実験の記録はありません）。人々が心理的な制約や過去の経験によって、自分の能力や可能性を制限してしまうことを示唆しています。ノミが、コップから出された後も過去の経験にとらわれ、自分がコップの中にいるという思い込みを引きずってしまったため、本来の能力を発揮できなかったという点が重要です。

人々が自分自身に設定された制約や思い込みを乗り越え、新しい可能性を模索することが重要だというメッセージが込められています。

まずは、認知（思い込み）は、過去の体験や環境の影響を受けており、寿命や運動記録、ダイエットの成果、慢性痛、不眠など、あらゆる現実を書き換える強力なパワーを持っている、そしてそれは自己啓発的な精神論ではなく、科学的に証明されている、ということを覚えてください。

しかし、ここで重要なのは、「夢は諦めなければ叶う」とか、「成功をイメージすれば望む未来が手に入る」ということを言いたいのではない、ということです。

これについては４章で説明します。

人生を悪化させる「体験回避」

私たちは、人生の３つの理（死、孤独、責任）から逃げることに時間を使っており、それが浪費の正体である、ということをお話ししました。

心理的な苦痛を避けるためのコーピングの中でも、特に人生の質を悪化させるものが「**体験の回避**」です。

体験の回避というのは、一時的に生じるネガティブな体験（頭を使って考える、感情がざわつく、嫌な過去や未来を思い出す、緊張して震える、キツい運動をする、など）を避けようとすることです。テスト勉強をしなくてはいけないのに掃除に夢中になってしまったり、相手の反応が怖くて自分からデートに誘えなかったり、上司にトラブルを報告しなくてはいけないのに、忙しそうだから後にしようと自分を正当化したり、家族の問題を話し合わなければいけないのに、残業が入るとホッとする自分がいたり、などです。

代わりにとった行動	短期的効果	長期的効果
あとから講師に質問しようとした	3	1

あなたは、何かしら、心理的な苦痛を伴うような思考や感情体験から逃げ、逃げる自分を正当化したり、自分の本心にウソをつく自己欺瞞に時間を使ってきた経験はありませんか？

人間ですので多少は仕方ありませんが、かなりの時間を自己欺瞞に費やしているとしたら、自分の人生を生きていないということになります。

ここ数ヵ月の間で、本心に背く行動をし

「体験の回避行動」の振り返り

どんな場面	どんな苦痛を避けようとした？
例：集合セミナー	みんなの前で質問するのが恥ずかしい

てしまったなと感じることはありましたか？　どんな場面で、どんな苦痛を避けようとして、代わりに取った行動はなんでしたか？

その行動には、短期的な効果と長期的な効果があります。

それぞれ１点（全く効果なし）～５点（非常に効果あり）で点数を付けてみてください。

例えば、集合セミナーの質疑応答の時間で質問したいことがあったが、みんなの前で質問するのが恥ずかしかったので、その場では手を挙げず、セミナー後に質問しようとした、という状況であれば、上の表のように書いてください。

そして、その行動がもたらす、短期的効果（苦痛を回避できる）と、長期的効果（長い目で見た時の効果）に点数を付けてみましょう。

私は、セミナーや講演、企業研修を年間に1万人近くに対して行うのですが、質疑応答の時間には手が挙がらないのに、セミナー後に行列ができるということを何度も経験しています。しかも、同じような質問が数名あったりすると、「質疑応答中に聞いてくれれば時間短縮になるのに」と思うことがあります。次の予定が迫っている場合は、途中で区切らせて頂くことがあります。

「聞くは一時の恥、聞かぬは一生の恥」ということわざがありますが、仕事などで分からないことがあった時、「後で聞こう」と後回しにするほど、余計聞きにくくなったりすることがありますよね。

このような「体験の回避」は、回避すればするほど、苦痛が大きくなっていき、余計避けようとしてしまいます。そしていずれそれがコンプレックスになってしまいます。

あなたは、怖くて先延ばしにしていることはありませんか？

『世界の果てまでイッテＱ！』（日本テレビ系）の珍獣ハンターとしてデビューしてから15年以上のキャリアを持つ、タレントのイモトアヤコさんは、番組の取材で、仕事で大切にしている姿勢として、「〝とりあえずやってみる〟というのは、すごい昔から自分に言い聞かせている」と言及しています。「バンジージャンプとかイヤじゃないですか。イヤなんだけど、やると3秒の地獄で終わるが、やらないと1年の地獄になる」。「だったらやる地獄の方が良い」と話していました。

怖いものやイヤなものを、手あたり次第にやってみよう、仕事なんだから我慢しよう、という話ではありません。イモトさんの場合は、「芸人として成功したい」という明確な目標がありましたが、バンジージャンプが怖くて断っていたら仕事が来ない時期がありました。「こうなりたい」という目標に対して、恐怖が、成功の足かせになっている状態でした。もちろんバンジージャンプを跳ぶこと以外にも、成功へのルートはいくらでもあるでしょう。無数にあるたくさんのルートを試して芸人として成功する道を模索することもできました。しかしイモトさんは、恐怖と引き換えにバンジージャンプのオファーを受ける、という選択を取ったのです。

ただ、全員がイモトさんのような人間ではありませんし、心理学的には、できるだけ安全だと感じられる環境で、少しずつ恐怖や不安に慣れさせる方法が、正しい不安症の改善方法です。これを、**エクスポージャー法**（**暴露療法**）といいます（ですので、もしもあなたが人生に行き詰まっていて、誰かから「バンジージャンプ跳んでこい！　価値観が変わるぞ！」というアドバイスを受けたとしても、実行しなくて大丈夫です）。

エクスポージャー法で不安に慣れる

本当は、人生の伴侶や良い友人関係を築きたいのに、社交不安があり、人との関わりを避けてきた、という場合には、まずは、1人で買い物に行ったり、1人で飲食店でご飯を食べる。次に、店員さんにあいさつする、というように、あえて苦手な状況に身を置き、不安を感じる対象に少しずつ慣らしていきます。これが、いきなり「ストリートナンパをする」のような難易度の高いチャレンジをして失敗するとかえってトラウマになってしまうリスクがありますので、まずはちょっとずつ慣らしていきましょう。

社交不安や対人不安がある人は、「周りから変な目で見られている気がする」という意識が強かったり、「陰口を言われるんじゃないか」「嫌われるんじゃないか」といった予期不安から行動を制限してしまいます。

エクスポージャーを繰り返すことによって、「あれ？　自分が思っているより他人は自分のことを見ていないんだな」というように、偏った認知を体験によって修正することができ、予期不安も減少していきます。

安易に回避行動ばかりしていると、不安感がどんどん増していってしまいます。そして、自分が望む人生の足かせになってしまうのです。

これが、体験の回避の最も恐ろしいところです。

「認知行動療法」という名前が付いているだけあり、認知（考え方）と行動を変えていくトレーニングですので、行動することが大事です。

何らかの問題解決や意思決定において、情報や選択肢が多くなりすぎると、「**分析麻痺**」が起こり、かえって行動できなくなります。起業したいと思って情報収集を始めたものの、もっといい情報があるのではないか、自分にはまだまだ実績やスキルや人脈が足りないのではないか、と思ってセミナージプシーになってしまったり、リスクが怖くて、いつまでも起業準備中の方がいます。情報収集のし過ぎで、予期不安が増大し、「始めてみる」という行動を先延ばしにしているのです。

自転車の練習をした時を思い出してみてください。トライ＆エラーで何回も転びながら徐々に乗れるようになりましたよね。「大人になったら失敗できない」という思い込みで、トライから逃げていることはありませんか？

フェイスブックを立ち上げ、今、ＩＴ大手メタ社のＣＥＯを務めるマーク・ザッカーバーグは、準備し続けて行動できないことを回避するために「**完璧を目指すよりまずは終わらせろ**」と言っています。

あなたが、怖くて行動できないことはなんでしょうか？　まずは小さなトライから始めましょう。

恥や嫉妬はなぜ起こるのか

ネガティブな思考・感情体験を回避することで人生が悪化するなら、心理的な苦痛なんてない方が人間にとってよいのではないか、と思うかもしれません。もちろん「心理的な苦痛は悪」というわけではなく、本来は、私たちに危険が迫っていることを知らせてくれるものです。

私たちは、自身の生命を脅かそうとするものと対峙した時に、逃げるか、戦うかの行動をとります。これを「**闘争・逃走反応**」といいます。

恐怖や怒り、不安や悲しみなどのネガティブな感情は、私たちに生命の危機が迫っていることを知らせてくれるシグナルです。

ネガティブな感情のうち、特に、恥や嫉妬の感情というのは、我々の祖先が集団生活を始めた頃に獲得した感情とされています。

集団生活では、それぞれ役割分担をしてコミュニケーションを円滑にとっていくことが大事になります。そのような社会性の高い集団が生き残ってきたため、我々もそのDNAを引き継いでいます。

そうすると、例えば、集団の中で役に立たない人間や裏切り行為を働く人間は排除する方向に進化圧が働きます。また、集団の中で自分よりも有能な人間を見ると、自分が排除されるのではないかという脅威を抱きます。これが、恥や嫉妬の感情の正体で、「**社会的感情**」と言われています。

恥や嫉妬の感情を抱くということは、自分が社会からはじかれるのではないか、自分の存在が危うい＝生命の危機だと本能的に感じるわけですね。

『人を動かす』(注21)の著者であるデール・カーネギーは、「**人を動かす唯一の方法は相手の自己重要感を満たすことである**」と言っています。「自己重要感」とは、自分は他者から大切な存在として扱われているという感情のことで、自分を重要な存在として敬意を払ってくれる人に対しては、好意や信頼を感じます。

自己重要感を感じられる場所にいると安全で快適ですが、自己重要感を感じられない場所にいると、不安で不快になります。ですので、そういう場所にはなるべく近づきたくないですし、逃げたくなります。

自己重要感を感じる時は、「誰かに必要とされている」という安心感や優越感のような感情を抱き、この先も安心して生きていけるだろうというシグナルになっていますが、自己重要感が脅かされていると感じる時には、「他人とうまくやれていない」というネガティブな感情を抱きます。

恥や嫉妬などの社会的感情が私たちに伝えているのは、「**社会的な役割の危うさ**」なのです。

人間が社会的な生き物といわれる所以はこういった理由で、人は本能的に、社会の中で誰かに必要とされ、自分の存在意義・価値を感じたい生き物なのです。

心理学者アルフレッド・アドラーは「すべての悩みは人間関係である」と言いましたが、そこを掘り下げていくと、「**本当は、自分は誰かに必要とされたいのだな**」**という本心**に気づくのです。

苦痛を減らすことに没頭し
人生を進めることを忘れていないか？

人間は、苦痛を感じるのが通常です。苦痛を回避したり消そうとして取る行動によって、むしろ苦痛が気になって仕方なくなります。

過度に潔癖症の人が、掃除を完璧にしようとするあまり、いろいろなところがバイ菌だらけに見えてしまうのと似ています。

片付けのプロ、〝こんまり〟こと近藤麻理恵さんは、中学生の時に、『「捨てる！」技術』という本を読んだ時、物を減らすという選択肢があるということを知り、衝撃を受けました。それから物を減らすということをやり過ぎてしまったそうです。捨てるマシンのように毎日捨てていて、学校から帰ると制服のままゴミ袋を持って部屋を徘徊して、今日はあれが捨てられそう、これが捨てられそうと、そんなことを考え続けるような子どもだったようです。

高校生になる頃には、何を見ても、ここが汚いとか、ダメなところに焦点があたり、捨てる理由を探すように。しまいには片付けノイローゼになり、ストレスが頂点に達したある日、失神してしまいます。

失神から目覚めたこんまりさんは、「片付けで大事なのは残すものを選ぶこと。持っていて幸せになるもの、大好きだなと思えるものを選べばいいんだ」という啓示を受けました。こんまりメソッド誕生の瞬間です。


自分が大切にしたいものではなく、自分にとって嫌なものに焦点があたってしまうと、「嫌なもの」から逃げよう、無くそうとすることに時間が使われ、底なし沼にハマってしまいます。

スキーをする時、周りの木にぶつからないように、木（障害物）に注目していると、木の方に身体が吸い寄せられ、ぶつかってしまうことがあります。

あなたはどうでしょうか？　嫌なものから逃げたり無くそうとすることが目的になり、日々忙しく過ごすことで、なんとなく安心していないでしょうか？　気晴らしに始めた活動にハマり過ぎていないでしょうか。

もしそうであれば、底なし沼にハマっているサインです。

私の場合は、ストレスを回避しようとして、よく「寝逃げ」をしてしまいます。睡眠自体は健康に欠かせないものですが、過剰に睡眠をとって、現実逃避をしてしまうことがあります。プレッシャーを感じる仕事や、多すぎるタスクに圧倒されると、横になってしまうのです。もちろん、寝逃げをしても原稿が進むわけではないので、現実は変わりません。

こういった時、多くの場合、自分を責めてしまいますが、責めるのは逆効果です。まずは、「自分はプレッシャーを感じているな」「ここから逃げたいと思っているんだな」と、第三者視点で気づくことが大切です。そこで「**自分はダメ人間だ」と解釈するのは誤り**です。

まずは、逃げようとしている自分に気づくことからです。そして、良い悪いとジャッジしない、という練習をしてみてください。

そうすると、例えば次のように、自分の逃避行動に一定のパターンがあることに気づきます。

- 過剰に睡眠をとる

・お菓子を食べる
・お酒を飲む
・SNSを開く
・ゲームをする
・タバコを吸う
・ポルノを見る
・運動しまくる

特定の逃避行動が常習的に柔軟性を欠いていると、生活の質を下げてしまったり、神経症的症状が現れたりします。例えば、次のようなことです。

・試験前に掃除する（現実への逃避）
＝本来関係ない別の行動に没頭して気を紛らわせる
・プレゼン前にお腹が痛くなる（病気への逃避）

＝うまくいかない理由を病気のせいにできる

・キャバ嬢やホストに貢いだり、異常な推し活をする（空想への逃避）

＝現実では満たされない自己実現を満たそうとする

少なからず、みなさんもこういったことがあるのではないでしょうか。

これらは、一般的には、「現実逃避」といわれますが、心理学や精神医学では、「**防衛機制**」といわれています。不快な感情体験を弱めたり避けたりして、心理的な安定を保つために無意識的に用いられる手段です。

無意識に行われるので、「良くないと分かっているのに、なぜそんなことをしてしまうのか自分でも分からない」という方も多いですが、一言でいえば、「こうありたい」「こうしたい」という積極的な理由で行っている行動ではなく、ストレスから逃げるためにやっている行動だからです。

ストレスから逃げることが良くないといっているわけではありません。ハラスメントが日常的に存在する職場なら、さっさと逃げた方がいいでしょう。重要なのは、**「その回避行動や逃避行動によって、自分の人生の質が長期的に下がってしまわないか」**という点です（回避行動は、ストレスそのものを感じないように迂回しようとする行動で、逃避行動は、ストレスから離れようとする行動）。

私の過去の話をしますと、「経済的にも精神的にも自立した女性になりたい」と思っていた20代前半。就活は失敗し、どう考えてもやりたい仕事をしていなかった私は、結婚して夫に養ってもらう方が楽かもしれないと考えて、同棲をしてみたり、婚活をしたのですが、結果、うまくいきませんでした。詳しいことは伏せますが、「このままいくと自分じゃなくなる。一生後悔する」という直感がありました。

私は、「自分の人生の舵は自分で取る」という価値観で生きているため、誰かに依存したり、環境の奴隷になったりするのは耐えられません。もし、あの時の未熟な状態で、現実が思うようにならない所から逃げるように何か（誰か）に依存していたら、「生殺与奪の権」を他人に握ら〝せ〟て、不平不満を言っている自分になっていただろうなと思います。

誤解なきようにお伝えすると、今でも、恐怖や不安を感じた時に、逃避行動や回避行動をすることはあります。しかし、「そんな時もあるさ。人間だもの」と思えるようになっています。繰り返しになりますが、まずは、**「自分は怖いと感じているんだな」「不安なんだな」ということに気づき、受容することが大切**です。

苦悩している時というのは、自分自身と思考や感情などが一体化してしまっているので、落ち着いて、一歩下がって観察するようにしましょう。

私の知り合いの経営者は、部下を叱った後に、デスクの中にあるお菓子をボリボリと食べてしまうことに気づいたそうです。それからは、デスクのお菓子に手が伸びた時に、「私、今イライラしているんだわ」と分かるようになったと言っていました。

この「気づく」という感覚がとても大事です。

CBTではまずこのように「自分はストレスを感じている」「またお菓子に手が伸びている」というように、第三者視点で観察し、気づくトレーニングをします。

気づきやすくなるトレーニングには瞑想がおすすめです。これについては、この章の後半で解説します。

うまくいかない原因探しを止める

また、この本を読むような知的な方によくある逃避行動に、「苦痛の原因を考える」があります。

「この辛さの原因を知りたい」という行動は、「**知性化**」という防衛機制で、感情的な経験をする代わりに、過度に考えることによって感情を喪失させようとします。

「生きづらさの原因が知りたい」と思ってそのメカニズムを学び、原因を取り除こうとする行為ですが、原因が分からなくても良くなることはできます（Wi-Fiの原理を知らなくても、Wi-Fiを使ってネットサーフィンをできるのと一緒です）。

かつて、うつ病の原因はセロトニン不足だから、セロトニンを増やそう、という流れがありましたが、「うつはセロトニン不足が原因だ」という考えは、90年代には疑問視されています。現在では「うつのメカニズムはもっと複雑。例えば慢性炎症があるとうつ発症率が高まるが、その原因は人によって違うので、治療法を変えないといけない」というのがスタンダードです。

しかし、いまだにセロトニン不足がうつを引き起こすという考えは根強いようです（注22　関連レビュー：セロトニンとうつ病の間に関連性があるという一貫した証拠は提供されておらず、うつ病はセロトニンの活性または濃度の低下によって引き起こされるという仮説を支持していない）。

他にも、生きづらさの原因は、自己肯定感が低いからだ、とか、発達障害だからだ、前世のカルマが――といった、「あなたの人生がうまくいっていない原因はコレ」のような謳い文句で次々に新しい概念が生まれ、ベストセラーになり、大きな市場を作ってきました。


何度もいうように、心の働きは複雑で、いろいろなものの複合で動いていますし、分からないことも多いのです。

転職するかどうか、離婚するかどうか、不登校の子どもの育て方といった個人の文脈に依存する複雑で難しい問題の場面では、統計は参考程度にしかなりませんし、人間を機械の部品の集合体と捉えて、壊れているところを修理するようなアプローチで対処できることは、限られているのです。

あなたの人生については、あなたが一番の理解者であり、ライフコーチであり、伴侶であるべきです。行き詰まった時に、セルフコーチングするための考え方やツールをご紹介していきます。

20万年前の能力で生きる現代人

あなたは、自分の人生というバスの運転手です。

あなたが進みたい方向に向かってバスを走らせています。

このバスにはたくさんの乗客が乗っています。

乗客は、あなたの、思考・感情・過去の記憶・未来の想像など、内側で起こる体験を意味します。乗客には不快なものも多く、運転手の意思とは関係なく、大声で意見をしてきたりします。

その時、運転手のあなたは乗客に対して、どのように接するでしょうか。乗客と口論を始めたり、乗客を無理やりバスから降ろしますか？　しかし、その時、バスは完全に停めなければいけません。もしくは、彼らにも席を与え、過度な注意をせずそのままにさせる方法もあります。そうすれば、バスを停めず旅を続けることができます。

嫌な乗客といっても、あなたの人生の旅を失敗させようとする悪魔の声というわけではなく、彼らは、あなたに不安や恐怖などを知らせる役割を担っています。

例えば、「好きな仕事で起業したい」という進路を選ぼうとした時に、「失敗したらみじめだよ」と言ってくる乗客や、「好きな人に想いを伝えたい」という進路を選ぼうとした時に、「拒絶されたらどうするの」と言ってくる乗客です。

このように、「自分は本当はこっちに行きたい」というものに対して、「でも、危ないよ」と意見してきます。あなたの進路を妨害しているわけではなく、起こり得る危機を察知して伝えてくれているセンサーが乗客なのです。しかし、この「危機察知センサー」の精度は非常に悪いです。アメリカのミシガン大学で行われた研究によると、我々が抱く心配事の80％は起こらないもので、さらに16％は、準備していれば対応可能なものです。つまり、**心配事の96％は実際には起こらないのです。**

ではなぜ、私たちには、こんなに精度の悪い危機察知センサーが搭載されているのでしょうか。

私たちの祖先であるホモサピエンスは、20数万年前に誕生してきてから、ほとんどの期間を狩猟採集民として過ごしてきました。狩猟採集時代は、何か１つのことに集中すると命の危険があるため、注意を分散させることが生存戦略でした。そして集団生活ができないと生き残れないため、周囲の目を気にして生きてきました。

ホモサピエンスの歴史全体を24時間とすると、産業革命以降の人類の歴史は１分程度しか進んでいません。命の危険が少ない現代社会にいながらも、20万年前の精度の危機察知センサーを搭載しているのが現代人なのです。

狩猟採集時代には役立った危機察知センサーが、現代人に最適化されていないので、そのほとんどが偽陽性のエラー（本当は危険じゃないのに危険だと判定する）なのです。

それによって、スマホの通知に注意がそれてしまったり、過去や未来のことをあれこれ考えてしまったり、ＳＮＳで誰かのきらびやかな生活を見て落ち込んだりするのです。

バスの話に戻りますと、運転手のあなただけが今を生きています。走っている道も現代です。しかし、**乗せている乗客は20万年前の狩猟採集民**というあべこべな状況です。乗客が何か意見をしてくるかもしれませんが、時代は違うのです。

しかし、乗客の声を止めることはできません。そもそもバスや道路という文明さえ彼らは知りませんから、驚いたり怖がるのは当たり前です。

そう考えると、乗客がちょっと可愛く思えてきませんか？「怖い怖い」と叫んでいる乗客を怒鳴りつけたり、無理やりバスから追い出そうとするのはかわいそうに思えてきませんか？

最新の心理学研究では、乗客に席を与え、過度に注意せず、そのままにさせておく、そんな中でも、運転手は自分の行きたい方向に人生を進ませる、という対応をとることが好ましいとされています。

目の奥にある「扁桃体」は、主に、恐怖、不安、緊張、怒りなどのネガティブな感情に関わっています。扁桃体は、何かを見たり聞いたりした時に命に関わる危険なものかどうかを一瞬で判断し、「不快」と判断するとストレスホルモンが分泌され、血圧や心拍数上昇、発汗や手足の震えといった身体症状が現れます。

扁桃体が生み出す恐怖や不安、怒りなどが自分を支配してしまうことを、「扁桃体ハイジャック」といいます。意見してくる乗客にバスをハイジャックされないようにする必要があります。

ドーパミン中毒で、本来無関係なパターンを見出してしまう

「パレイドリア」と呼ばれる心理現象があります。

岩の形や天井のシミが人の顔のように見えたり、雲の形を見て龍や動物の姿を連想する知覚現象です。昔の人が、月の模様を「ウサギが餅つきをしている様子」ととらえたのもそうですね。

このように、私たち人間は、意味のある無しにかかわらず、無作為あるいは無意味な情報の中から、なんらかの関連性や規則性、法則、パターンを見出そうとします。混沌とする情報になんらかのパターンを見出して処理しやすくするのは、人間の得意分野です。

相手の眉が下がって口がへの字に曲がっていたら、「この人は何かに困っている」

と推論します。表情と感情を関連付けて判断しているからです。

パブロフの犬がベルを聞いただけでよだれが出るようになったのと同様に、関連のある無しにかかわらず、私たちには入ってくる情報からパターンや関係性を見出す能力が備わっています。迷信やジンクス、おまじないなどもパターン知覚によるものです。

本来無関係のものにパターンを見出してしまうのが、**偽陽性**です。そして、本当は関係があるのにパターンは無い、と判断してしまうのが**偽陰性**です。

これは素早い判断が必要な場面では役に立ちますが、認知が歪んでいると誤った推論をしてしまうことがあります。誤った推論をすることによって出来事をありのままに見れないと、現実に悪い影響を及ぼすことになりかねません。認知の歪みを矯正して、出来事をありのまま見られるようになるために、ＣＢＴなどの心理療法に取り組んでいく必要があります。

認知が歪みやすい人

認知が歪みやすい人の特徴としては2つあります。

1つは、神経症傾向が高い人、もう1つは、ドーパミン中毒になっている人です。

「神経症傾向」は、科学的根拠のあるビッグファイブ性格分析の性格特定の1つ（他の4つは、外交性、誠実性、調和性、開放性）で、簡単にいえば「メンタルの弱さ」を表します。高い神経症傾向を持つ人はストレスや不安に敏感であり、情緒的に不安定な傾向があります。

神経症傾向が高い人は小さな問題にも大げさに反応し、不安や恐れを強く感じる傾向があります。彼らは自己批判的であり、自分自身や他人に対する期待を過度に高く設定することがあります。また、精神的な不安定さや抑うつ的な感情を経験しやすいです。

神経症傾向が低い人は、一般に冷静で安定しており、ストレスに対する耐性が高い傾向があります。彼らは不安や恐れを感じにくく、状況を客観的に見ることができる傾向があります。

神経症傾向は、個人の生活満足度や対人関係、仕事のパフォーマンスなど、さまざまな側面に影響を与えることが研究で示されています。

国際意識科学会の発表では、神経症傾向が高い人（不安になりがちな人）ほど、壁のシミや雲が人の顔に見えやすいようです。神経症傾向が高い人は、不安や緊張を感じやすく周囲の刺激に敏感で、本来、無関係なものにパターンを見出しやすいといえるでしょう。

パターンを見出す力には、脳の報酬系であるドーパミンが関わっています。ドーパミンは、運動制御、学習、注意、動機付けなど、さまざまな機能に関与しています。

一般的には、ドーパミンは快楽や報酬と結びつけられることが多いですが、認知の歪みとの関係にも興味深い影響があります。ドーパミンが増加すると、より多くのパターンを見出すようになります。例えば、スマートフォンやソーシャルゲームは、ドーパミンを多く分泌させる装置として非常に巧妙にできています。しかし、ドーパミンが多すぎると、偽陽性のエラー（本来無関係のものにパターンを見出してしまう）を起こす確率が上がります。

一例として、過剰なドーパミン活性化は、脳の報酬系に影響を与え、報酬に対する感受性を高めることがあります。これにより、人々はポジティブな結果や報酬に対して過度に楽観的になり、認知的なリスクを過小評価する傾向が生じる可能性があります。過剰なドーパミン活性化が、楽観主義や確証バイアス（自分が信じたい情報だけを集めてしまう）などの認知の歪みを引き起こす可能性があるわけです。

このことが、認知が歪みやすい人の特徴の２つ目の「**ドーパミン中毒になっている人**」の理由です。

ＳＮＳ、ソーシャルゲーム、ＷＥＢ広告など、私たちの周りは、人の注意を惹きつけるものであふれています。それらはすべてドーパミンを出させる装置です。今月はもう予算がないのに、ＳＮＳ広告で見た商品を、「きっと大丈夫！」と衝動買いしてしまった経験はありませんか？　私はあります。

個人的な話になりますが、海外のビーチリゾートに旅行した時のことです。日中、海辺で寛いでいる人たちを観察していたら、非常に多くの人がスマホを触っていました。写真を撮るなら分かりますが、長時間触っているのです。目の前の素晴らしい海よりも優先するべきスマホのタスクって何かあるんだろうか？ と思ってしまいました。

そして、同性・異性かかわらずですが、食事やお茶をご一緒する際に、相手がスマホの通知に注意が逸れたりするのに気づくと、「私といるのは退屈なのだろうか」と思って自信をなくしてしまうことがあります。個人の好みの問題にはなりますが、私自身は、スマホは待ち時間中の暇つぶしに触るくらいにして、仕事中や誰かと会っている時は、その空間や食事の味、会話など、〝今ここ〟に集中するようにしています。

仕事や勉強に飽きた時、とりあえずメールやチャットをチェックして、そのままSNSを見て……という行動は、新しい情報が入ってくることで報酬系が刺激され、「気持ちいい」と感じます。しかし、スマホやソーシャルゲームをしている時の「気持ちの良さ」は、「幸福感」や「充実感」ではありません。一時の不安を埋めてくれるだけです。

スマホ、ゲーム、恋愛、ギャンブル、薬物など、すべての依存症にはドーパミンが関わっています。

近年、依存症が世界的に問題になっています。例えばアメリカでは、１９９０年代後半から、アヘンを起源とする麻薬性鎮痛剤「オピオイド」の乱用による死者が増加し、全米ではこれまで50万人以上が亡くなっています。オピオイドは、がん患者らの痛みの緩和に使用される鎮痛薬ですが、鎮痛効果だけでなく、多幸感や不安感を除去することでも知られ、モルヒネの50～１００倍ほどの中毒性を持ちます。コカインよりも安価で手に入ることから、将来に絶望した人々が救いを求めて手を出し、中毒死に至ります。

２０１７年に、トランプ元大統領が、公衆衛生上の非常事態として「オピオイド危機」を宣言しましたが、２０２１年の犠牲者は約10万人に達し、過去の薬物問題をはるかに上回っています。

苦痛は、辛く不快なものですが、痛みを感じるからこそ、私たちは害の存在を知ることができます。オピオイドの働きは痛みの緩和であり、傷を治したり炎症を治した

近年の依存症患者数の推移

		平成26年度	平成27年度	平成28年度	平成29年度
アルコール依存症	外来患者数（入院患者数）	92,054（25,548）	94,217（25,654）	95,579（25,606）	102,148（27,802）
薬物依存症	外来患者数（入院患者数）	6,636（1,689）	6,321（1,437）	6,458（1,431）	10,746（2,416）
ギャンブル依存症	外来患者数（入院患者数）	2,019（205）	2,652（243）	2,929（261）	3,499（280）

※外来：1回以上、精神科を受診した者の数
※入院：依存症を理由に精神病床に入院している者の数
※1年間に外来受診と精神病床入院の両方に該当した同一患者は、上記の外来と入院の両方の数に計上
※出典：厚生労働省　精神保健福祉資料：https://www.ncnp.go.jp/nimh/seisaku/data/

りする作用はありません。
日本でも、依存症の患者は年々増加しており、アルコール、薬物、ギャンブル依存の患者数は、平成29年の時点で11万人を超えています。これ以外にも、ポルノやセックス依存、買い物依存、ゲーム依存、ネット依存、ホスト依存などを含めたら相当数に上ります（注23）。

人生の3つの理（死・孤独・責任）から生じる不安から逃げるように、スマホやソーシャルゲーム、SNSに没頭したりして気を紛らわせる行為がいつの間にかドーパミン中毒となり、さらなる漠然とした不安感が増しているのが現代社会なのです。

そして、ドーパミンが出過ぎると、本来は関係ないものにまでパターンを見出しやすくなるので、邪推が多くなります。「こんなことを言われるなんて、自分は嫌われているんじゃないか」「この辛さは、この先もずっと続くだろう」というように、誤った推論をし、どんどん認知が歪んでいき、現実を正しく見られなくなっていきます。

これだけテクノロジーが発展し、便利な世の中になっているのに、充実感や幸福感を感じられないのは、不安の解消方法が「ドーパミンを出すことで強制的に乗客の声を聞こえなくする」になっているからです。

しかし、運転手のあなたの仕事は、「乗客の声を鎮める」ではなく、「目的地までバスを進める」のはずですよね。そこを忘れないようにしてください。

望ましい人生を進めるにあたって、心理的な苦痛が伴うのは誰しも経験することです。逃げるのでもなく、良い悪いとジャッジするのでもなく、まずは、**苦痛を感じていることに気づき、不安や恐怖を受け入れた上で、どこに向かって、どのように行動するかを主体的に選択**していかなければいけません。

自分のバスの行き先を自分で決めるために

CBTをはじめとした心理療法にはさまざまなテクニックがありますが、54,633件の研究をピックアップして、どういったプロセスがメンタルにいい変化をもたらしているかを調べた調査では、以下3つのことが重要だと分かりました(注24)。

①気づく（マインドフルネス）
②受け入れる（アクセプタンス）
③重要なことに取り組む（コミットメント）

仮の状況設定をして考えてみましょう。

Aさんが仕事で作成した書類に、計算ミスがあったことを上司から指摘され、修正するように依頼された。

①気づく（マインドフルネス）

今ここで起きている出来事、自分の感情、認知、行動、身体反応に気づく。

【例】

自分の感情＝焦り、緊張、不安

認知＝やってしまった。

行動＝「すみません」と謝る。

身体反応＝胸のあたりがざわざわする。瞬《まばた》きが増える。

②受け入れる（アクセプタンス）

気づいたことを良い・悪いとジャッジするのではなく、ありのまま受け入れる。

【例】辛い感情や考えをそのまま受け入れる。

③重要なことに取り組む（コミットメント）

その上で、自分にとって価値のあることはなんなのかを自覚し行動を選択する。

［例］

Aさんにとって重要な価値は、「改善する」なので、計算を間違った箇所を修正する上で、なぜ間違ったのかを見直して、再発防止案を立てる。

「ミスをした」というネガティブな経験の中でも、自分にとって価値のあることに集中できれば、やりがいや強みに変わります。

それぞれ補足します。

①気づく（マインドフルネス）について は、日頃、瞑想などを行うと、自分の無意識の思考や感情を客観的にキャッチしやすくなります。

瞑想にはいろいろなやり方がありますが、簡単な方法をご紹介します。

- 楽な格好で椅子に座ります。
- 背筋を伸ばし、手は膝の上に優しく置いてください。
- 目を閉じるか薄目で前の方をぼんやり見つめます。
- 自分の呼吸に集中します。息を吸う時に鼻から新鮮な空気が入ってくる感覚や肺が膨らむ感覚を感じます。息を吐く時に鼻から温かい空気が出ていく感覚や肺が萎《しぼ》んでいく感覚を感じます。
- 途中に何か考え事が浮かんだら、呼吸に意識を戻します。

私は、これを週に5日ほど、モーニングルーティンの中で10分ほど行います。効果的な時間や回数は専門家の間でも意見が分かれるところですが、10分の瞑想でも、注意力のコントロールができるようになるというエビデンスがあります。なるべく続けやすくシンプルな方がいいでしょう。呼吸から意識が逸れて、「あ、呼吸に戻さなきゃ」と思ったのだとしたら、それも観察します。

②受け入れる（アクセプタンス）については、たとえ自分が不快な気持ちになったか

らといって、悪い出来事が起きているわけではない、ということがポイントです。

例えば、慣れない仕事に不安を抱くのは当たり前のことなのに、「こんなに不安になるなんて、自分には向いていない仕事なんだ」というように飛躍した結論を出してしまったり、SNS上での投稿を見て自分の心が傷ついて、「この発信者は悪い人だ」と決めつけてしまったりする場合があります。これは、「**情緒的な理由づけ**」といい、自分の感情が出来事を正確に表していると推論してしまうことをさします。これも認知の歪みの一種です。

感情と出来事は別物ですから、一度切り離して、まずは、ジャッジせずに「自分は不安を感じているんだな」と受け入れることが大事です。

また、「自分はダメな人間だ」のような否定的な自動思考が浮かんだら、「自分がダメな人間だと思った」のように、「〜と思った」と付け加えることで客観視しやすくなります。

③重要なことに取り組む（コミットメント）については、人によって「重要なこと」「何に価値を感じるか」は違います。「自己成長」が重要な価値観である人の場合は、

「失敗を改善していくこと」が重要になりますし、「他者貢献」が重要な価値観の人の場合は、「失敗をメンバーに共有する」ということが重要な行動になるでしょう。あるいは「ユーモア」が重要な価値観の人は、自分の失敗を面白おかしく語ってネタにすることができます。

３章で詳しく解説しますが、価値観は、感情にまかせて反応的に行動したり、苦痛を避けたり、ごまかしたりするのではなく、たとえ、心理的に苦痛が伴う状況に直面したとしても、自分の人生が「前に進む行動」をするということがポイントです。

コンパスを見つける

「自分を知っている」ということが、キャリアや人間関係をうまく築き、幸福度の高い人生を送る鍵となる。

心理学では、「自分のあるべき姿」と「あるがままの自分」が同じ状態を「**自己一致**」といいます。自己一致の状態にある人は、自然体で人を惹きつける魅力があり、表裏がなくさっぱりとしているので、一緒にいると快適です。

自己一致の状態を目指すには、自分は人生で何が欲しいのか、何を大切にしたいのかを分かっていることが重要です。

それが分からないと、軸が定まらないので、広い海の上をぷかぷかと漂流している状態です。自分がどこに向かうべきなのかも、今どこにいるのかも分かりません。いつまでこの状態が続くのか不安ですし、天気が荒れて、波に飲まれたらどうしようという不安定な状態にあります。

こういう状態だと、

- 毎日頑張っているけど、充実感や達成感が感じられない
- 日々をこなすだけで、なんだか満たされない気持ちがある
- 他人や環境に振り回されて消耗する
- 将来への漠然とした不安感や焦燥感で辛くなる

このようなネガティブな感情に支配されてしまいます。

不安が多いと体内の炎症も増えて体調が悪くなったり、老化のスピードが上がります。

特に日本は災害大国のため、日本人は遺伝的に世界一不安を感じやすい民族といわれており、「将来に備えておきたい」というニーズが強いです。

変化のスピードが激しい時代では、自分の人生の方向性を指し示すコンパスを持っていることが、安心感につながります。

キャリア、人間関係、趣味、人生のあらゆる選択の場面で重要になる自分の価値観が見つかると、今自分がやるべきことが明確になり、スムーズに行動に移せるようになるでしょう。

「コーチングにおける世界のリーダートップ50」にも選ばれた、組織心理学者のターシャ・ユーリック博士の研究によれば、95％の人は「自分のことを理解している」と考えているようですが、実際の理解度は10～15％程度のようです。

さらに、自分を正しく認識できている人は、以下のような特徴を持っていることも分かりました。

- 幸福度が高い
- 賢明な判断ができる
- 良い人間関係を築く

・子育てが上手い
・成績が良く、良いキャリアを築く
・自信があり、コミュニケーション能力が高い
・ウソをついたり犯罪を犯すことが少ない
・仕事で成果を挙げて昇進する
・やる気に満ちたチームのリーダーになる
・業績の良い企業を率いる

キャリアや人間関係など、あらゆる分野において「自分のことを知っているか」が重要だということが分かります。

自分自身の価値観を見出すことは、人々が意味のある人生を構築し、満足度や幸福感を高めるための重要なステップです。

解決策（具体的な解決策を提示し、行動を促す）

バスの行き先を決める

自分の本心（価値観）を明確にして、価値観に沿った行動をすることが鍵になる。

初期のCBTのアプローチは、ネガティブな考えや感情など、心理的な苦痛を効果的に減らすことに焦点を当てていました。それによって、バスの乗客との付き合い方や適切な距離の取り方が上手になります。

しかし、肝心の「**どこに向かって自分の人生というバスを走らせるのか**」まで含めた科学的な解決方法が研究され始めたのは、比較的最近のことです。

そして、20年以上に及ぶ研究によって、**アクセプタンス&コミットメントセラピー**

（ACT：Acceptance and Commitment Therapy）という新しい認知行動療法が体系化されてきました。

ＡＣＴは、人々が自分の思考や感情との関係を変え、より豊かで有意義な人生を生きるための支援を提供します。ＡＣＴの中心的な概念として、以下の６つの柱が挙げられます。

①アクセプタンス（Acceptance）

自分の思考や感情、そして外部の状況を否定するのではなく、受け入れることが大切です。これは、現実を受け入れ、その上で行動を起こすことを意味します。

②脱フュージョン（Cognitive Defusion）

自分の考えや感情と自分を一体化（フュージョン）させないための技法です。自分の考えを客観的に観察することで、それに振り回されることなく、より意識的な行動が可能となります。

③価値観（Values）

自分にとって本当に重要なこと、人生の方向性を明確にすることが重要です。自分の価値観を明確にし、それに基づいて行動することがＡＣＴの中心的な目標の１つです。

④今この瞬間に集中する（Present Moment Awareness）

過去や未来にとらわれるのではなく、現在の瞬間に集中することが大切です。過去の出来事や将来の予測にとらわれることなく、現在の状況を受け入れることが求められます。

⑤コミットされた行為（Committed Action）

自分の価値観に基づいて、意識的かつ積極的に行動することが重要です。目標に向かって進むための行動計画を立て、それを実行することで、より豊かな人生を実現します。

⑥文脈としての自己（Self as Context）

自分自身を客観的に捉える視点を持つことが重要です。自分の考えや感情に捉われることなく、より広い視野から自己を捉えることができます。

これらの柱を通じて、ＡＣＴは個人が自分の内面の経験に柔軟に対処し、より意味のある人生を築く手助けをします。

ＡＣＴは、たとえ困難な障害があろうとも、自分自身の進みたい方向を選び、行動を前に進めていくことができるようになる力（心理的柔軟性）を育むものです。

ＡＣＴは、うつ、不安症、慢性疼痛、薬物中毒などの治療に用いられ、世界保健機関（ＷＨＯ）は、ＡＣＴの考えをベースに、世界中の人々に共通して役立つ「ストレスを感じたらやるべきこと：イラストガイド」（注25　翻訳版）を推奨しています。

中でも、有意義な人生を送るのに重要なのが、「**価値観**」です。価値観は、人生のコンパスのようなもので、価値観に沿って行動することが人生を充実させる重要なポイントです。

しかし、ＡＣＴにおける価値観の概念は、私たちが日常で使う価値観のニュアンスとは異なります。価値観を、「ただの好み」のように捉えてしまうと、あなたにとって役に立つコンパスにはなりません。ここは丁寧に解説する必要があるので、次の章を読み進めてください。

この章のまとめ

■人生の３つの理（死、孤独、責任）から逃げるアプローチはうまくいかない

■回避行動をとるのではなく、自分がコントロールできることに目を向け、主体的に行動しよう

■主体的に行動するには、自分の本心（価値観）を明確にする必要がある

第3章

転

自分の「本心」を掘り下げる

1 人生の浪費の正体 ◁ 2 人生の3つの理 ◁ 3 自分の本心 ◁ 4 本心に従った行動

この章の目的

自分の価値観を明確にする

近年、渋谷のスクランブル交差点で、外国人観光客がカメラを構えているのをよく見かけます。日本人にとっては日常の光景ですが、どうやら一大観光スポットになっているようです。

渋谷のスクランブル交差点では、１回の青信号で、多いときは約３０００人が横断し、１日にすると約50万人の人が通過しています。それだけ多くの人が、縦、横、斜めに向かって一斉に渡り、しかもぶつからないように避け合う光景が不思議で「日本人はニンジャだ！」と興奮するのです。日本人の危機回避能力の高さは海外でも高く評価されています。

２０２１年の「イグ・ノーベル賞」を受賞した、京都工芸繊維大学の村上久助教らの研究では、歩きスマホによって、集団全体の歩行速度が低下し、動きに乱れが生じることが明かされました。研究のポイントとして、歩行者同士が互いに動きを予測し合うことが重要であり、知らない人であっても、あ・うんの呼吸で動きを予測しているというのです。しかし、歩きスマホをしている注意散漫な人がいると動きの予測が困難になり、衝突する可能性が高まります。当人だけでなく周囲の集団にも悪影響を与えかねません。

衝突しないようにするには、「自分はこっちに行きたいのだ」という意思表示が非常に大事です。それをお互いが予測し合うことで、道を譲りあったり、過干渉せずに、いい距離感を保って、各々が行きたい方向に最短ルートでたどり着くことができます。

「どこに向かって自分の人生というバスを走らせるのか」がないと、乗客の声に翻弄され、それを鎮めようと躍起になっている間に、障害物に衝突してしまうかもしれません。

「**どこに向かうのか**」というのが、本書においての、**人生の意味や目的、自分にとって重要な価値観**を表します。

昨今では、自分の価値観を明確にすることが、充実した人生を送る上で、非常に重要であることが分かってきました。

趣味や生きがいがある人は健康

趣味や生きがいの有無と心の健康状態

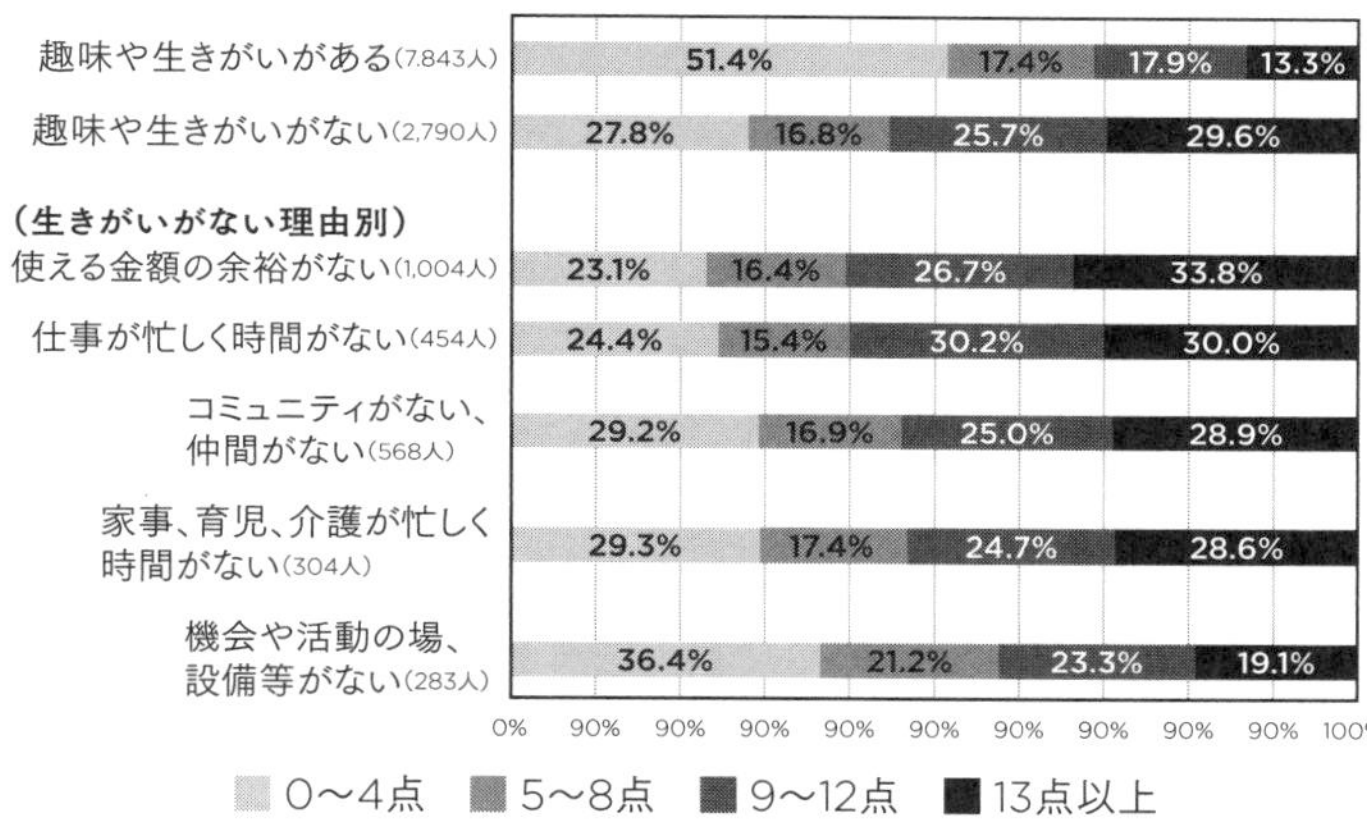

趣味や生きがいの有無と健康状態満足度

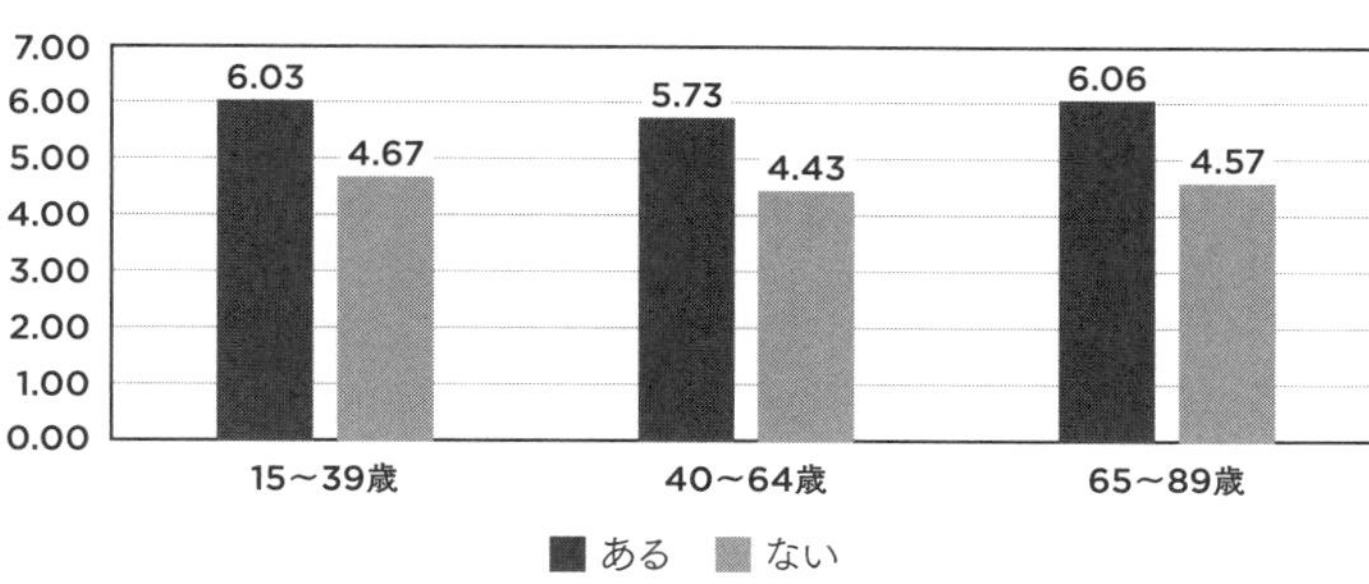

※(前出)出典：満足度・生活の質に関する調査報告書 2022 〜我が国のWell-beingの動向〜

「満足度・生活の質に関する調査報告書2022～我が国のWell-beingの動向～」(注26)によれば、趣味や生きがいがある人は、ない人に比べて、心の健康状態が良好で、どの年齢階層においても、生きがいがある人は健康状態満足度が高いようです。

日本の調査だけでなく、海外でも同様の傾向があり、人生における強い目的意識を持つことが身体的および精神的健康の改善につながり、睡眠の質や、全体的な生活の質が向上することを示唆する文献が増えています。

ミシガン大学が2019年に発表した観察研究では、「自分の人生に意味や目的がある」と感じている人ほど、早期死亡率が低い、という結果になっています(注27)。左のグラフの一番上の線が、人生に意味を感じているスコアが最も高いグループで、年齢ごとの生存率を表しています。

生きている意味がないと生きていけないのは人間だけだといわれています。ものは、意味(目的)があって存在します。例えば、ペンは、「ものを書く」という目的が先にあり、ペンという存在が生まれます。しかし、人間は生まれながらに生きる目的(本質)を持っているのではなく、本質がある前に存在(実存)があります。も

人生に意味や目的を感じている人ほど早期死亡率が低い

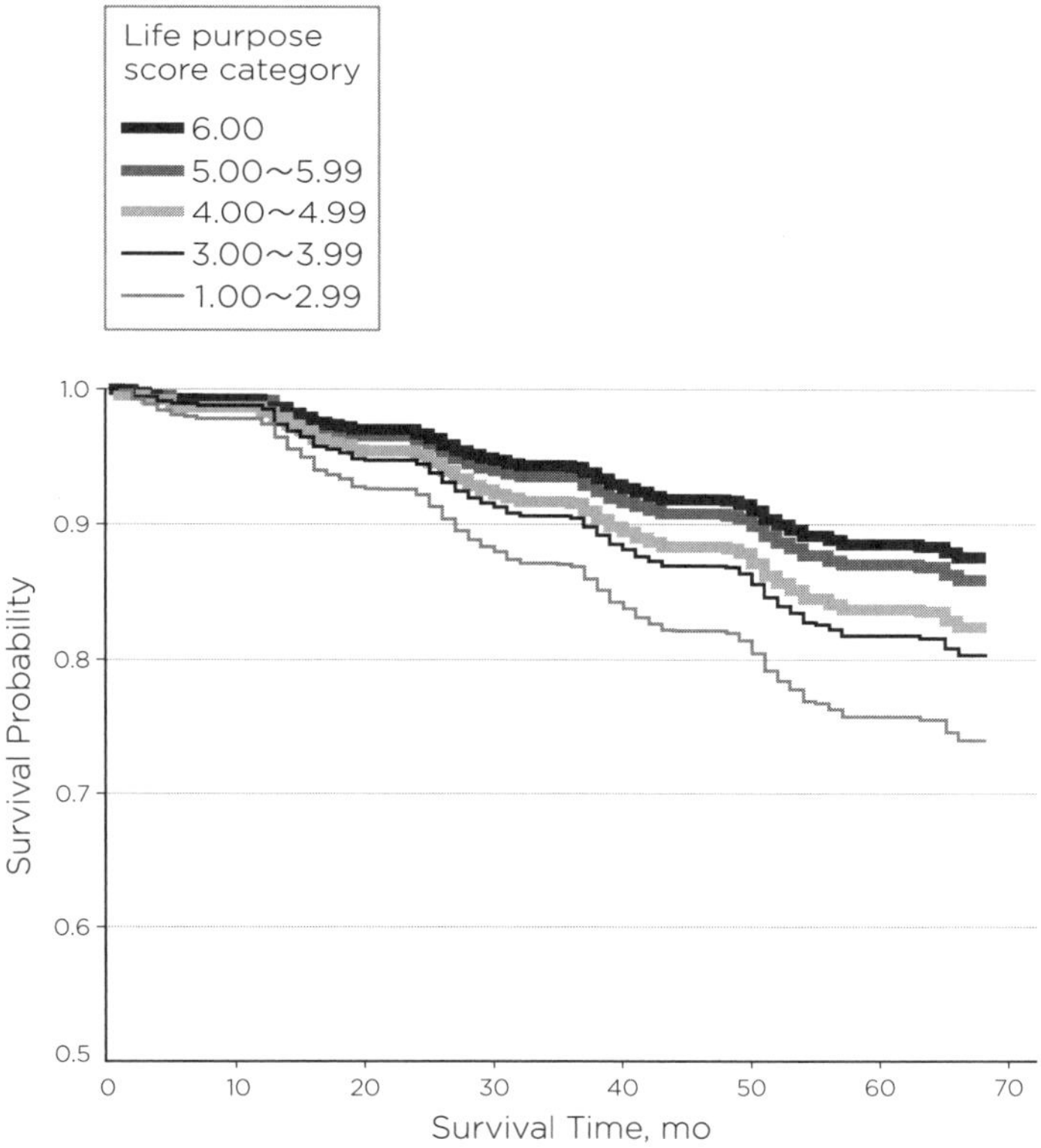

※出典：ミシガン大学チームによる「50歳以上の米国成人における人生の目的と死亡率の関連性」調査より

のは意味付けが先にあって生み出されますが、人間や人生は、目的や意味があって生まれるわけではないのです。

これをサルトルは、「実存は本質に先立つ」といいました。したがって、「**私はこう生きる**」「**私はこれに生きる**」**と決めない限り、生きる目的や意味などない**のだ、ということです。

問題提起（まだ解決できていない悩み）

自分の本心（価値観）をどのように見つければいいのか

間違った自分探しをしないために、自分に対して良質な質問をしよう。

生きる意味や目的、自分自身の価値観を明確にする上で「自分は何者なのか知りたい」と思うでしょう。世の中には、占い、適職診断など、自己分析ツールがたくさんありますが、間違った自分探しをしてしまうと不幸になります。

「死と太陽は直視できない」といいましたが、死＝人生の３つの理《ことわり》、太陽＝価値観と捉えることができるのではないかと考えています。死や太陽はそれぞれ、過酷さや真実を象徴することもあります。

人々は、しばしば過酷な現実や真実を直視しようとしない傾向があります。死は受け入れがたい絶対的な真実であり、太陽もまたその強烈なエネルギーや存在感から、直視することが難しいものです。

太陽を直視することはできませんが、夕日は見ることができます。

仏教の理想郷「極楽浄土」は西にあるとされます。西の空に夕暮れの太陽が沈んでいく様子をぼんやりと見ていると、やがて辺りに静寂と闇夜が訪れます。それでもまだそこに太陽が見えるように観想する、「**日想観**」という瞑想の一種を行う修行があります。

知識や経験は不問で、時と場所を選ばないシンプルな修行法で、僧侶だけでなく一般人にも広がりました。「いつでもどこでも実行できること」は価値観の1つの要素です。

あなた自身の価値観（太陽）は、直接見ることはできません。しかし、「日想観」の修行のように、「イメージする」「直感を働かせる」ことで、ぼんやりと浮かんできます。

そのために必要なのは、良質な問いです。

「本当の自分はどんな人間なのか」という問いは良くありません。**確固たる自分というものは存在しない**からです。

「諸法無我《しょほうむが》」という言葉があります。この世に存在する全てのもの（諸法）は、これ（我）というものはない、という意味です。この世に存在するあらゆるものは、独立して存在するのではなく、お互いが因縁によって、今、仮に成り立っているだけ、という状態で、常に移ろい変わっていきます。したがって、「これが私」という絶対的なものはないので、自分ということにこだわらない、ということがまず重要です。

「自分のことを知りたい」という欲求は誰にでもあるものですが、これは他者と比較しての自分、あるいは集団の中の自分、というように〝個〟を意識させるので、自我意識が強まります。そして、自我意識が強まると、孤独感やうつの傾向が強まります。

メンタルの状態とテキストの内容を分析した研究では、不安やうつの症状が出ている人は、「私」「自分」「自分自身」といった一人称を使うケースがとても多いというデータが出ています。また、メンタルが悪化しやすい人は、「いつも」「絶対」「間違いなく」といった断言調の言葉を使いやすいといった傾向も見られました（注28）。

メンタルを悪化しやすい人は、過去や未来の自分にこだわっていることが多く、物事を白黒で捉える傾向があります。


「自分」にこだわらない、という状態で、どのように自分の価値観を見つければいいのか、ということですが、イメージしやすい例えでいうと、「**今ここに存在する自分が、自分の子どもだとしたら、どのように接するか**」**と考える**ことです。

あなたは自分の子どもに対して、何を大切にするように伝えますか？

世界や周囲の人と、どう関わっていくように伝えますか？

あるいはこのように考えてみるのもよいでしょう。

あなたが亡くなった後のお葬式を想像してください。そこには、あなたの大切な家族や友人やパートナーが参列しています。その大切な人が、「(あなた) さんは○○な人だった」と追悼の言葉を述べています。あなたはどんな人だと紹介されたら嬉しいですか？

このような問いに対してしっくりくるものが、「どこに向かって自分の人生というバスを走らせるのか」の答えであり、あなたが大切にしたい価値観です。

価値観というのは、人生のコンパスのようなもので、価値観に沿って行動することが人生を充実させる重要なポイントです。

自分自身の価値観の追求は、自己実現とは似て非なるものです。

他者とは違う自分を表現したい、1人の人間としての尊厳やプライドを守りたい、といった欲求は誰しも持っています。こういった自己実現が上手く成功し、所属するコミュニティで承認されれば幸せですが、これが実現できないとなると（あるいは崩れると）、成功者や過去との比較で苦しみ、無価値感、無力感、孤独感を抱きます。

自己実現といった、他と分離された高揚感や優越感のある幸せではなく、**「ただ西に向かって進んでいる」という感覚と、一歩一歩足を前に進めているという主体的な行動**こそが、あなたが人生において大切にする価値観です。

世界や周囲の人、そして自分自身に対して、どのように関わっている時が、あるいはどのような行動が、自分という個の感覚を喪失させ、充足した感覚になりますか？

原因特定、証拠（問題が発生するメカニズム、意外な事実やデータ）

価値観とは、何であって、何でないか

「価値」と「価値観」は似ているようで違う。
「ゴールを達成した後に、何に励みたいか？」と考えてみよう。

では、ここから、あなたにとって大切な価値観を見つけるお手伝いをしていきます。とはいえ、ＡＣＴにおける価値観という概念は、少々理解しにくいです。日常会話で「自分の価値観は……」「あの人とは価値観が合わない」という時に使われる「価値観」の意味とは、異なる場合が多いです。

言語学者のフェルディナン・ド・ソシュールは、「言葉とは差異のシステムである」

といいましたが、「ＡＣＴにおける価値観とは何か」を考えるにあたって、他の言葉との対比によって、それが何であるかを理解することができます。

ここからは、価値観と混同されやすいものとの違いを提示しながら、価値観とは一体何か、について定義を明確にしていきましょう。

単語では表現できない

価値は「Value」、価値観は「Values」と表記されるように、意味合いが若干異なります。例えば、人々は、友情、自己成長、冒険、正義、誠実さなどを、大切にしている価値として見なすことがあります。価値（Value）は、名詞で表現することができる一般的な概念です。

一方、価値観（Values）は、**それぞれの価値（Value）をどのように解釈し、重視し、生活に組み込むかを示す具体的な枠組み**です。価値観は、個人の行動や選択に影響を与え、人生の意味や目的を形成する上で重要な役割を果たします。価値観は、単語ではなく、文章で表現されます。

19世紀のドイツの言語学者であるゲオルグ・フォン・デア・ガーベレンツは、「生きた最小単位は、語ではなく文である」といいました。

これは「諸法無我」の考え方に似ています。この世に存在する全ての語は、それ単体では意味を持たず、因縁によって関係性を持つことで、はじめて意味が生まれます。

したがって、価値観とは、単語ではなく文章で表現するものと覚えておいてください。

ゴールではない

価値観を大切にして生きるというのは、西を目指して旅をするようなものです。西を目指して旅をしても、「西」という場所に到着するわけではありません。

一方で、「ゴール」は、手に入れたいものや達成したいことなので、目的地点があり、達成されたらリストから削除されるようなものです。価値観とゴールは別物です。

例えば、「結婚する」はゴールですが、価値観ではありません。その場合、「**その**

ゴールをすでに達成したとしたら、どんなことに励みたいですか？」と自分に質問してみてください。結婚してどのようなことに励みたいのか、家族とどのような関係性を作っていきたいのか、結婚生活が苦しい時でも何を大切にしていきたいのか、などは価値観です。

「結婚する」を人生の目的にしてしまうと、結婚できないのは不幸なのでしょうか？結婚していても、経済的、精神的、健康上の問題を抱えている夫婦はたくさんいます。同様に、「子どもを産み育てる」を人生の目的にしてしまうと、子どもを授からなかったら不幸なのでしょうか？

旅にはトラブルがつきものです。思い通りにいかないことの方が多いです。その中でも自分ができる行動に励むとしたら何を大切にしますか？というのがあなたの価値観です。

または、このように考えてみましょう。

「**そのゴールを達成する上で、犠牲にできないものがあるとしたら何ですか？**」

例えば、「年収１０００万円」というゴールを設定したとして、その旅路を歩む中で、「これは犠牲にできない」というものはあるでしょうか。

価値観は、今ここにあり、ゴールは未来にあります。

「好き」という感情ではない

ACTにおける「価値観」は、ポジティブな感情や好みではありません。ACTでは、価値観は個人が心から大切にしているものや、人生の方向性を示す基本的な原則や規範を指します。

「好き」という感情や「いい気分」のような快楽は一過性のもので、変化することがありますが、価値観は比較的一貫しており、長期的な方向性を示します。「〇〇すること」というように、**能動的な行動に変換できるものが価値観**です。

例えば、「子どもが好き」という人が、子どもの面倒を全く見ない（行動しない）、という状態だとしたら、本当に子どもを大切にしているのだろうか？と疑いますよね。

同様に、「愛している」と言いながら、恋人との時間を全く作りもせず、連絡もしない人は、「本当に愛しているのか」と思います。

好きという感情は本物だとしても、「大切にしているのか」といったら……していませんよね（ギクリとした人が多いのではないでしょうか）。


行動は、言葉や感情よりも雄弁で、その人の本質を表します。

しかし、「こう行動したい」と思っていても、サボってしまったり、自分を裏切ってしまうことはあります。それでもその好きなものに対して、あなた自身は本当はどう振る舞いたいか、ということを考えてみましょう。

例えば、健康に価値を感じている人は、「健康」は大切にしたい価値ではありますが、価値観ではありません。「健康的な食生活や運動に日々励み、心身ともに健やかに過ごすこと」などが、あなたが大切にしている価値観（≒行動規範）になります。

注意点としては、「年に1回ファスティングをする」ではなく、できれば毎日の生活に取り入れることができるもの、最低でも週に2〜3回は実行できるものにしましょう。

日々の生活に取り入れられる習慣的で主体的な行動であることが大切です。

「幸福」ではない

価値は、生きる意味や目的を見出してくれるものですが、「なんのために生きているのか？」という漠然とした問いを設定してしまうと、「幸せになるため」とか「幸福を得るため」といった回答になってしまうことがあります。

しかし、価値とは、能動的で習慣的な行動であり、「幸福」を〝する〟ことはできません。幸福は、日々の生活の質の副産物であり、日々できる行動ではありません。

ＡＣＴ研究のリーダー的存在である、心理学者ラス・ハリスは著書『幸福になりたいなら幸福になろうとしてはいけない』（注29）でＡＣＴの基本的な原則を分かりやすく紹介しています。

原題は〝The Happiness Trap（幸福の罠）〟で、人々が幸福を追求するときに個人が陥りやすい心理的なジレンマを指摘しています。

「幸福な状態が標準な状態である」と思い込んでいると、幸福でないのは不幸であると考えてしまい、自分の欠点や、成功者に比べて自分に不足している部分に目が行きやすくなります。

ＡＣＴでは、**感情にとらわれず、自分がコントロールできる日々の行動に目を向けることを重視**しています。

そして、価値に向かって自分が行動したとしても、その先に起こる結果というのは、１００％コントロールできるわけではありません。

健康のために努力しても根本的な病気や死は避けられません。アンチエイジングに気を使っても老いは避けられません。他人を理解しようとしても全ては分かりません、自分のことも全ては分かってもらえません。世界で起きる多くのことは自分にはどうにもできないことですが、それに対して自分が選択した（選択しなかった）行動の責任からは逃れられません。

旅にはトラブルがつきものです。そして、どんな旅を歩もうが、人生の３つの理（死・孤独・責任）を避けることはできません。

それらを受け入れた上でもなお、自分ができることに励むことが心地いい、励んでいる自分を尊く感じられることが価値観です。

「欲望」「必要」ではない

価値観は、手に入れられるものではなく、自分がどのように世界と関わっていきたいか、という個人の核となる信念や意図です。したがって、自分の欠乏感からくる個人的なニーズではなく、内側から泉のように湧いてくる、あなた自身の強みになり得るのが価値観です。

例えば、「愛されたい」というニーズは、不足している愛情を埋めるために、「愛されるためにはどうしたらいいか」というように、他者をコントロールしようとする思考になりがちです。そうなると、「私は本当に愛されているのだろうか」と考え、相手を試すような行為が増えます。ちょっと意地悪な言動や、言う必要のないカミングアウト、相手に直接確認せずに第三者の話で脈ありかどうかを判断する、などです。自分に不足しているものを埋めようとすると、「埋まっているのかどうか」が気になります。そして、他人のことは100％は理解できませんから、「愛情の確認作業」で一喜一憂し、終わりがありません。

欠落していることを埋めるのではなく、すでに自分の内側に持っているリソース（さらに磨いていきたい強みや、自分が心地いいと感じる感覚）に注目し、それを他人や社会にお裾分けするなら何があるだろうか、と考えてみてください。

「苦楽を共に乗り越えることで、絆を深めていきたい」という価値観が見つかったとしたら、あなたは、意識的・無意識的であるかどうかにかかわらず、上手くいかない時の乗り越え方についてすでに体得している強みである可能性が高いです。

「脅迫観念」「義務」「モラル」「倫理」「善悪」ではない

価値観が「こうあるべきだ」という「べき論」になっていないでしょうか。

見極める方法としては、自分の価値観を他人に押し付けていないか、という点に注目してください。

「自分から元気よくあいさつをすること」に価値を感じている人が、相手があいさつを返してくれないという状況の時、「社会人としてなっていない最低な奴だ」と、強い怒りが湧いてしまう場合、「自分から元気よくあいさつをすること」が、自分に課している義務になってしまっている可能性があります。

前述のラス・ハリスは、「価値観は、好きなアイスクリームの味のようなもの」だといっています。

自分はストロベリー味が好きで、他人がチョコレート味が好きだとしても、チョコレート味を好きな人を非難したり、無理やりストロベリー味を好きにさせようとは思わないですよね。

また、友人とアイスクリーム屋さんに行って、自分以外のみんながチョコレート味を選んだからといって、自分もそれに合わせる必要もありません。自分が今食べたいものを選べばいいのです。

そして、一番よく選ぶのはストロベリー味だけど、たまにはバニラを食べたくなる時もあります。**このように、価値観というのは複数あり、その時々によって優先順位**

を入れ替えて、柔軟に選べるものです。

「私は絶対にストロベリー味しか食べない」というような強いこだわりではなく、軽く握ったり手放したりできるものです。

べき論からくる行動や、自分の本心に背いて我慢したり、自己犠牲を払ってやったことに対しては、「私はコストを払っているのに不当な扱いをされている」と思ってしまうものです。

「自分から元気にあいさつしたいからした」というように、社会のルールや他人の価値観ではなく、誰になんと思われようが、自分がいいと思っているからやる、というものが価値観です。

他人から頼まれたわけでもないのに、自分がやりたいからついやってしまうことは何かを、思い出してみましょう。

損失回避（問題を解決しないとどんなヤバいことになるか）

自分の価値観を明確にすることの重要性

価値観＝自分の本質に基づいた行動は、自分の人生を回す車輪になってくれる。


イソップの寓話に「蛇《へび》を助ける男」（The Man and the Serpent）という物語があります。

ある日、森の中で、大蛇が火に巻かれて悲鳴をあげていました。通りかかった男がそれを見て、蛇を助け出すことに決めました。男は薪を使って火を消し、蛇を助け出しました。蛇は驚き、感謝の言葉を述べるかと思いきや、そのまま男に噛みついてしまいました。

男は非常に驚き、傷つきながらも蛇に尋ねます。「私はあなたを助けたのに、なぜ私を噛むのですか？」と。蛇は冷静に答えます。

「私は蛇です。蛇が持っているものは毒です。あなたはそれを知っているはずです」

この寓話は、人々が他人を助ける際には、相手の本性や状況をよく考える必要がある、ということを示しています。無条件の善意や援助が常に良い結果につながるとは限らないという教訓が込められています。

さて、この寓話の中の男の「蛇を助ける」という行為は、正しかったのでしょうか。寓話の教訓としては、「相手を見極めずに助けると裏切られることがある」というオチなのですが、この寓話の解釈には正解がありません。

この話を聞いて思い出した話があります。女優の芦田愛菜さんが、主演映画の完成報告イベントで「信じる」ということについて、大変示唆に富むコメントをされていました。

「『その人のことを信じようと思います』っていう言葉ってけっこう使うと思うんですけど、『それがどういう意味なんだろう』って考えた時に、その人自身を信じているのではなくて、『自分が理想とする、その人の人物像みたいなものに期待してしまっているとなのかな』と感じて」

「だからこそ人は『裏切られた』とか、『期待していたのに』とか言うけれど、別にそれは、『その人が裏切った』というわけではなくて、『その人の見えなかった部分が見えただけ』であって、その見えなかった部分が見えた時に『それもその人なんだ』と受け止められる、『揺るがない自分がいる』というのが『信じられることなのかな』って思ったんですけど」

「でも、その揺るがない自分の軸を持つのはすごく難しいじゃないですか。だからこそ人は『信じる』って口に出して、不安な自分がいるからこそ、成功した自分だったりとか、理想の人物像だったりにすがりたいんじゃないかと思いました」(注30)

非常に深い考察ですよね。寓話の中の男は、一体何に裏切られたのでしょうか。考えてみたのですが……見当がつかなかったので、諦めてAIの力を借りることにしました(笑)(自分以外の誰かと対話をし議論を深めていくことで真実に到達しようとする、は私の価値観の1つです。最近は、人間だけでなくAIとの会話も楽しんでいます)。

私は、「男は何を求めていたと思うか」とチャットGPTに聞いたところ、次のような答えが返ってきました。

寓話の中の男性は、ただ蛇を助けることで、ある程度の良い行いを果たしただけであり、その行為に何か特別な報酬や見返りを求めていたわけではありませんでした。彼はただ、他人を助ける良い行いをしたいという善意から、蛇を火から救おうとしました。

しかし、寓話の展開において、彼の善意が裏切られることとなります。蛇にとっては、彼の善意は蛇の本性や特性に影響を及ぼすものではなく、自然の摂理に沿って蛇としての行動をとることが重要でした。そのため、男性が蛇を助けたとしても、蛇は自らの本能に従って男性に噛みついたのです。

したがって、男性が何を求めていたかという観点からは、彼は単に他人を助ける良い行いをしたかっただけであり、特別な見返りや報酬を求めていたわけではありませんでした。

「チャットGPTってすごい」と思いました。それと同時に、「相手に与える善意は、何か意図があってやっているのだろう」という無意識の思い込みが、私の中にあることに気づきました（私自身のそういった信念が、他者になかなか甘えられなかったり、気を遣い過ぎて疲れる原因にもなっています）。

ＡＩとの対話で、自身の認知の歪みに気づくことは多いです。私はさらにチャットＧＰＴに質問しました。

「男は今後も、何かを助けようとするでしょうか」

寓話の中の男性が今後も他人を助けるかどうかについては、明確な答えが与えられていません。寓話では、男性が蛇に裏切られた経験を通して、自分の行動に対する警戒心や理解が深まる可能性があります。

一部の人々は、このような経験から学んだ上で、以後も他人を助けることを諦めず、善意を持ち続けるかもしれません。彼らは、過去の経験から得た教訓をもとに、より賢明な判断を行うでしょう。

一方で、このような経験によって失望や警戒心が強まり、他人を助けることに対する意欲が低下する人もいるかもしれません。これは、他人との関わり方や善意の行動に対する見方が変わった結果として起こり得ることです。
結局のところ、寓話の中の男性が今後も何かを助けるかどうかは、彼自身の性格や経験、そしてその後の人生の展開によって異なります。

私のビジネスパートナーであり、マネージメント業務をしていただいてる伴野《ともの》さんという女性メンバーには、小学4年生の息子さんがいて、何回か一緒に旅行したことがあります。

彼はとてもしっかりしている男の子で、私は何度か助けられたことがあります。私が、風で帽子を飛ばされた時は、ダッシュで帽子を取りに行ってくれたり、タクシーの中にスマホを忘れそうになった時、教えてくれたりしました。

この行動に意図があるとは思えず、本質的に親切な男の子なんだと思います。できれば、この親切心はずっと育んでいってほしいなと思いますが、もしもこれからの長い人生の中で蛇と対峙した時には、この本を読んでほしいなと思っています。

ちなみに、私の価値観の1つに、「他者の長所や尊敬できるところに気づいて褒める、感謝する」というものがありますので、これを書きながらニンマリしています。

誰かが自分の本質（価値観）に基づいて行動した結果、私がその人の本質に気づいて褒めたり感謝する→相手も嬉しくなる、というこの循環は、人間関係の車輪を回す上でとても役に立っています。

日常生活で、「価値観」という言葉でコミュニケーションを取ろうとすると、人によって解釈が異なり扱いづらいのですが、以上のような特徴があります。一般的な価値観の概念とは結構異なる点が多かったのではないでしょうか。

自身の価値観が見出せない場合、個人の成長やポテンシャルの発揮が妨げられる可能性があります。価値観を明確にし、それに基づいた行動を取ることは、自己成長や発展の基盤となります。

解決策（具体的な解決策を提示し、行動を促す）

価値観を明確にするワーク

「困難な体験を振り返る」、「子どもの頃を振り返る」ことで、自分の本心を明らかにしていこう。

「いのちは闇の中のまたたく光だ」

と言ったのは、『風の谷のナウシカ』の主人公、ナウシカです。

『風の谷のナウシカ』は、腐海《ふかい》と人類の共生の道を探っていく物語です。有害な大気や枯渇した大地、新しい病気や死などで汚染された星を浄化するべく「火の7日間」と呼ばれる最終戦争を引き起こした首謀者「墓所の主」とナウシカが対話する場面で、ナウシカは、次のように話しています。

「苦しみや悲劇やおろかさは正常な世界でもなくなりはしない。それは人間の一部だから」

「だからこそ苦界《くがい》にあってもよろこびやかがやきもまたあるのに」（漫画版7巻）

価値観というのは、直視できない太陽のようにギラギラ輝くものというよりも、闇の中のまたたく光であり、西に沈む夕日が消えゆく時（死）を想ってもなお、消えずにそこに見えるものなのだと思います。

太陽（価値観）というのは、私たちがうまくいっている時（日中）には直視できないけれど、苦しい時や迷っている時（闇）に、何を信じて、どのように行動して、それを乗り越えてきたのか、という点に重要なヒントが隠されていることが多いです。

あるいは、日没（死）を想った時に、どういう人生だったら、「生まれてきてよかった」と思えるのか、をじっくり想像してみてほしいのです。

ACTでは、価値観を明確にするためのワークがいくつか用意されています。私が個人的におすすめなのは、困難な体験を通して得たことや、過去の選択の場面で重要視したことを言語化することです。

特に、困難な体験は、個人の成長や価値観の形成に大きな影響を与えることがあります。

以下のワークをやってみましょう。

困難な体験を振り返るワーク

1，過去に起きた困難な体験は何ですか？

大切なものを失った時、思いどおりにいかなかった時、苦しかった時、強く葛藤した時、感情に振り回された時、望む生活ではないと感じた時、などの状況を簡潔に書いてください。

2, 困難な体験から何を学びましたか?

過去の困難な体験から得た教訓や成長について考えることで、自分の価値観や信念を見つけることができます。

3, 困難な体験を通じて、何があなたにとって本当に重要だと感じましたか？

困難な体験があなたの人生に与えた影響や、それによって浮き彫りにされた価値観について考えます。

4, 困難な体験は、あなたの人生にどのような意味を持っていますか？

過去の困難な体験が、あなたの人生においてどのような役割を果たしてきたか、その意味や影響について考えることが重要です。

5, 困難な体験を乗り越えるために、あなたが取った行動や価値観は何でしたか？

困難な状況に直面した時、あなたがどのような行動や価値観を持って乗り越えてきたかについて考えます。

6, 困難な体験から得た成長や変化に基づく、あなたの新しい価値観は何ですか？

過去の困難な体験から得た成長や変化を踏まえて、新しい価値観や重視すべきことについて考えましょう。

7, もしその体験がなければ、今得られていないものは何ですか?

過去の困難な体験を振り返る上で、失ったものではなく、得られたものに着目しましょう。

これらの質問を通じて、過去の困難な体験から得た洞察や教訓を基に、自分自身の価値観を探求し、明確化することができます。

そして、自分が大切だと思うものに向かって進んでいく旅の途中で、困難な体験をし、困難を乗り越えるための智慧を手にしたり、別の価値観が見つかったりすることがあります。

これはあなたが後天的に獲得した強みであり、困難が起きた時にどのように乗り越えるべきかを示す道しるべになります。他者や社会に貢献する時に役立つものです。

また、子どもの頃の場面を思い出して、価値観を見つけるのもおすすめです。できれば15歳くらいまでに起きた出来事が望ましいです。脳の発達の特徴として、思春期くらいから他者の目を意識するようになり、同調的になっていきます。

そして、20代後半くらいまでに前頭前野の成熟が見られます。前頭前野は、意思決定、計画、判断、社会的な振る舞いなどを制御する脳の一部です。そのため判断力や意思決定能力が成熟してきますが、価値観は主観的な好みですので、15歳くらいまでの間で、周りに流されて行った活動や選択ではなく、自分で主体的に行った活動や選択を思い出してください。これらには、もともとあなたが持っている気質（好きなアイスクリームの味）が現れやすいです。

子どもの頃を振り返るワーク

1，子どもの頃、一番楽しかった思い出は何ですか？

子どもの頃に楽しかった経験や活動は、自分の価値観や興味を示す手がかりとなることがあります。

2，子どもの頃、家族や先生から褒められたことは何ですか？

自分にとっては当たり前のことでも、他人からすると長所である部分は多いです。

３，どのような友人や大人に影響を受けましたか？　その影響はどのようなものでしたか？（漫画やアニメのキャラクターでもいいです）

友人や大人の影響を受けた経験は、自分の価値観や信念を形成する上で重要な要素となる場合があります。

4, 子どもの頃、夢中になったことや熱中した活動は何でしたか?

小さな頃に夢中になったことや熱中した活動は、自分の興味や価値観を見つけるのに役立ちます。

5, 自分の家族や教育環境は、あなたの価値観にどのような影響を与えましたか?

家族や教育環境が、自分の価値観や信念を形成する上でどのような役割を果たしたかを考えます。

6，あなたの子どもの頃の夢や希望は何でしたか？

子どもの頃に持っていた夢や希望は、自分が追求する価値や目標について示唆を与えることがあります。

7，子どもの頃に経験した困難や挑戦は何でしたか？　それがあなたに与えた影響は何ですか？

子どもの頃に経験した困難や挑戦は、自分の価値観や信念を形成し、成長させる上で重要な役割を果たします。

ご参考までに、私の回答を掲載してみます。

筆者の場合【困難な体験を振り返るワーク】

1，過去に起きた困難な体験は何ですか？

26歳の時、仕事が原因で適応障害になり、休職ののち退職し、無職に。高熱が出てもお金がもったいなくて病院に行けませんでした。そして数ヵ月後に、父親が肺炎で亡くなりました。体調面でも経済面でも精神面でも、一番辛く絶望していた時期です。

2，困難な体験から何を学びましたか？

思っているよりも自分は弱いという事実と、自分の能力の限界を知りました。

3，困難な体験を通じて、何があなたにとって本当に重要だと感じましたか？

心身の健康と、精神的・経済的自立。

4, 困難な体験は、あなたの人生にどのような意味を持っていますか？

当時は、「誰も助けてくれない」と怒りに似た感情を抱いていたのですが、下手に誰かに援助してもらっていたら、自分の足で立ち上がろうとしなかったかもしれません。
「こんなところで死にたくない」という自分の生命力の強さを感じることができました。

5, 困難な体験を乗り越えるために、あなたが取った行動や価値観は何でしたか？

社会人になってから全く読まなくなった本を読み始めました。主にビジネス書です。どうやってここから再起するか、必死でいろいろな本を読んで学び、実践していました。

6, 困難な体験から得た成長や変化に基づく、あなたの新しい価値観は何ですか？

『ルパン三世』に登場する峰不二子の名言「つまずいたのは誰かのせいかもしれない。けど、立ち上がらないのは誰のせいでもないわ」は、私が好きな言葉の1つであり、価値観です。

7, もしその体験がなければ、今得られていないものは何ですか？

本書でこうして、私の体験と学びを共有できなかったと思います。

筆者の場合【子どもの頃を振り返るワーク】

1，子どもの頃、一番楽しかった思い出は何ですか？

絵や漫画を描いたり、漫画を読んだりすること。
外で山菜採りをすること。
インドアもアウトドアもどちらも好きでした。

2，子どもの頃、家族や先生から褒められたことは何ですか？

先生からは、「作文が上手い」「自己表現するのが上手い」「人に教えるのが上手い」と言われていました。
親からは、「時々ハッとするような本質的なことを言う」と言われていました。

3, どのような友人や大人に影響を受けましたか？　その影響はどのようなものでしたか？（漫画やアニメのキャラクターでもいいです）

ホラーものや妖怪ものが好きでした。『ゲゲゲの鬼太郎』『地獄先生ぬ～べ～』『学校のコワイうわさ 花子さんがきた!!』『×××HOLiC』など、日常という慣れ親しんだものや場所に現れる奇妙な怪異に魅せられていました。

漫画のキャラクターでいうと、『寄生獣』のミギー（主人公の右手に寄生する地球外生命体）が好きでした。敵でも味方でもない、超強い謎のキャラというポジションに憧れていました。

勧善懲悪ものよりも、「悪者にも、いろいろと都合があるんだな」というように、自分の思い込みにメスを入れてくれるような作品が好きでした。

私が現在、認知の歪みやバイアスについて話している原点は、この頃にあったのかもしれません。

4, 子どもの頃、夢中になったことや熱中した活動は何でしたか？

前の質問で答えたような、ホラー・妖怪ものの作品に触れること。

5, 自分の家族や教育環境は、あなたの価値観にどのような影響を与えましたか？

自然が多い環境で育ったので、毎日のように近所の神社に遊びに行ったり、母親や弟たちと山菜採りに行ったりしていました。後から知ったのですが、自然の中では〝非構造的な遊び〟が行われるそうです。スポーツなどのように明確なルールがあるものではなく、友人たちとの自由な遊びの中で、交渉や友情などの社会的スキルや、自分たちで遊び自体を生み出す創造性などが育まれるということです。

6，あなたの子どもの頃の夢や希望は何でしたか？

漫画家になりたかったです。

7，子どもの頃に経験した困難や挑戦は何でしたか？　それがあなたに与えた影響は何ですか？

私が高校1年生の時に両親が離婚し、そこから母子家庭になり、経済的に苦しくもなりましたが、苦労して兄弟３人を育ててくれた母の姿を見ながら、わりと早い段階で「早く自立しなきゃ」という自立心が目覚めたと思います。

これらの質問を通じて、子どもの頃の体験から自分の価値観や信念を見つけ出すことができます。子ども時代の経験は、人格や生活の基盤を形成する上で重要な要素です。

自己決定が幸福度に影響していることからも、周りに流されて選んだ選択肢ではなく、自分で選んだ選択肢への動機付けが高まり、コミットメントが促進されます。

先天的な価値観と後天的な価値観

このように価値観というのは、子どもの頃からもともと持っている本質的なものと、その後の人生で学んだ智慧の両方あります。子どもの頃の価値観は、単純に自分が楽しいと思うかが重要な行動規範ですが、大人になるとより複雑化し、色気が出てきます。色気とは知性です。

大人になると、自分の行動の結果や責任を意識するようになったり、他者とのつながりや共感が重要になったり、キャリアや家庭、経済面で安定を求めるようになったり、自己実現や人生の目的、価値観に基づいた行動がより意識されるようになります。

とはいえ、子どもの頃に持っていた価値観は無意味かというと、そうではありません。

例えば筆者の場合、子どもの頃の夢は、漫画家になることでした。とにかく絵を描くのが好きで、お小遣いはほぼすべて漫画や、漫画を描くための画材に充てていました（本書でも漫画の一場面をメタファーとしてよく使っていますが、筆者の好みが反映されています）。

しかし、中学2年生あたりで、「なんだか私の漫画（絵、ストーリー）って、誰かのモノマネに過ぎないなあ」と気づいてから、興ざめしてしまい、次第に描かなくなってしまいました。

この当時のことを分析してみると、私が憧れていたのは、自己表現をして、他にはない才能あふれるオリジナルの芸術作品を作ることでした。しかし、プロの漫画家さんの作品を見るたび、この才能には敵わない、私には無理かもしれない、という劣等感も同時に覚え始めます。

ただ同時にこの頃から、「舞さんは人に教えるのが上手いね」とか、「言葉で説明するのが上手いね」「習ったことのコツを掴むのが速いね」などと褒められる機会が増えていきました。

しだいに、自分の内にある創造性を発揮して0→1の作品を生むことよりも、自分が素敵だと思う作品を観察して「なぜこの作品は面白いのか」を俯瞰して分析し、自分なりの解釈で〝面白さ〟の方程式を見つけて、実践に落とし込んだり、人に分かりやすく説明するということに、やりがいや才能、フローの感覚（時を忘れて没頭）を見出し始めます。

その結果、今では、プロのお笑い芸人さんやWEB漫画の制作会社に対して、当たる企画と当たらない企画の方程式についてレクチャーするレベルにまで磨かれてきました。

「自分の創造性を発揮して作品を生産し、感動を与える」というのは、子どもの頃から30代の現在に至るまで変わっていない本質的な価値観なのですが、天才漫画家さんのように0→1の創造性もあれば、私のように、「この面白さの謎を解明して言語化したい」というような知的好奇心を土台とした創造性の発揮の仕方もあります。

子どもの頃の価値観「自分の創造性を発揮して作品を生産し感動を与える」が、その後の挫折やさまざまな体験を通して磨かれ、より細分化、明確化していきました。

子どもの頃の価値観でそのまま生きていければいいのですが、多くの方は「それだけでは生きていけない」と気づき、傷つきます。

経済的な困難さ、健康上の困難さ、性格や才能上の困難さなどが、現実の課題として私たちの前に現れます。その時、**困難をどのように工夫して乗り越えてきたのかという体験があなた自身の強みであり、後天的に顕在化したあなたの価値観**でもあります。

筆者の場合であれば、

子どもの頃の価値観
「自分の創造性を発揮して作品を生産する」

⬅

大人になってからいろいろな体験（挫折、褒められる）を通して洗練された価値観
創造性：モヤモヤしたものを言語化して整理する。物事の共通点を見つけて組み合わせる
作品：言葉での表現物（文章を書く、話す）

感動：その体験の前後で人格の変容を伴うもの

このように、「創造性」や「作品」や「感動」などの抽象的な言葉を、「創造性とは何か」「作品とは何か」について、自分なりの定義付けをして、細分化・明確化していきます。

定義付けとは、「何であって何でないか」を明確にするプロセスですので、「何でないか」ノットイコール（≠）も明確にしましょう。

≠創造性：思いつき、まだ世の中にないものを0《ゼロ》から生み出す
≠作品：映像での表現物（絵、立体物、ダンス）
≠感動：気晴らし

おもに、「何でないか」は、自分が苦手なことです。つまり価値を生めないものです。
このように自己分析することで、「価値を生めないことはやらない」と決めるきっかけにもなります。

子どもの頃からの価値観が、「旅する大まかな方角」だとしたら、大人になってから洗練された価値観は、「旅をするにあたって、あなたにとって役に立つ智慧」です。何かを乗り越えた経験のある方は、これから先、いろいろな困難が来たとしても、その強みを使って乗り越えていけるでしょう。それを明確化するために、困難が降りかかるともいえます。

人材採用のための簡易版の質問

人材を採用する場合、以下の簡易版の質問をすることによって、候補者の人となりを表す価値観や強みを見つけることができるでしょう。

1, 子どもの頃、ハマッていたものは何ですか？

2, それを始めたきっかけは何ですか？

3, どんなところが楽しかったですか？

4，それだけでは生きていけないと感じた困難な体験や、傷ついた体験はありますか？

5，困難をどのように工夫して乗り越えましたか？

6，人から褒められたり、尊敬されることは何ですか？

7, 困難を乗り越えた体験から気づいたあなたの強みや武器は何ですか？

これらの質問に答えると、ある共通点が浮かびあがってきます。

それは、自分の価値観というのは、他人や社会との関わりの中で見つかるものだということです。世界に自分1人だけだったら、そもそも価値観という言葉すらないでしょう。主体的に他人や社会に関わるのは、正直とても骨が折れる面倒なことですが、卓越した才能というのは、価値観によってもたらされます。

宮崎駿監督はNHKの『プロフェッショナル 仕事の流儀』という番組で、仕事中に何度も「めんどくさい」と言っていました。宮崎駿監督ほどのトップクリエイターなら、一心不乱に無我夢中で作品を制作しているのかと思いきや、「めんどくさいという気持ちとの戦い」なのだそうです。そして、「世の中の大事なことって、たいてい面倒くさいんだよ」とも語っていました。

これを聞いて、本書を執筆中の私は、安堵しました。ここだけの話、本を書くのってとても面倒くさいんです。テーマを決めて、文献を調べて、構成を考えて、書いて、推敲して――という途方もない時間と労力がかかります。でも、私の他の価値観に、「思い込みにとらわれず合理的に考え、成功確率の高い選択肢を選ぶ」というものがあります。合理主義の私は、「面倒くさいことは誰もやりたがらないので参入障壁が高い」と考えて自分を奮い立たせたりします。また、書き始めると、「自分の創造性を発揮して作品を生産する」「世の中の謎を解明して言語化する」という価値観が満たされるので、非常に充実感を得られます。

「面倒くさいという気持ちとの戦い」になった時は、自分の価値観に立ち戻りましょう。

この章のまとめ

■ 有意義な人生を送るためには、自分の本心（価値観）に気づくことが重要

■ 価値観の追求は、自己実現とは似て非なるものである

■ 価値観とは何であって何でないかを明確にしよう

第4章

結

本心に従って行動する

1 人生の浪費の正体
◁
2 人生の3つの理
◁
3 自分の本心
◁
4 本心に従った行動

この章の目的

価値観を人生に役立てる方法を知る

これまであなたは、避けられない人生の3つの理（死・孤独・責任）と、それでもなお、今世で大切にしたいご自身の価値観について向き合ってきました。

人は、人生の3つの理から生じる不安（ストレス）を避けるために、間違った選択をし、その選択が正しいと自分にウソをつくことで時間を浪費しています。

自身の価値観に沿った行動ではなく、不安（ストレス）を回避するための行動によって、余計に恐怖心が増大し、自分の人生を生きられず、長期的な人生の質を悪化させます。

自分にウソをつく行為の代表例としては、「やります」と言って、実際はやらない、ということが挙げられます。

「週に3回は、30分早く起きて朝に散歩します」
⇒目覚まし時計を止めてしまって、やらない。

「新商品案について、見込み顧客10人にインタビューします」
⇒日々の業務を優先し、後回しにして、やらない。

「私と真剣に交際する気があるのかどうかを、彼に確認します」
⇒今の関係性が壊れるのが怖くて、やらない。

などなど。

自分が「やります」と言ったことをやらず、「怖いな」といった自分の〝気持ち〟を優先して、ストレスがかかることから逃げるクセはありませんか？

「ストレスがかかること＝自分が本当にやりたいことではない」という認知の歪みから、飛躍した結論を出して、自分を正当化していないでしょうか。

耳が痛くなってきましたね（笑）。

最後の章では、自分の価値観を大切にしながら自己成長するための目標設定について、解説していきたいと思います。

「目標設定」と聞くと、成功するための行動計画のようなイメージを持つ方が多いのではないでしょうか。

中には、「成功したい」とは思わない、「目標」も特にない、日々を穏やかに過ごすことができればそれでいい、と思っている読者の方もいらっしゃると思います。

実際、私も、巷にあふれる目標設定は、あまり馴染みませんでした。

誤解のないようにお伝えしておくと、成功するために目標設定してください、と言っているわけではありません。

これからお伝えする方法は、あくまで、**自己省察（Self Awareness）＝自分を深く知るためのツール**として気軽にお使いいただきたいのです。

週に1回、最低でも月に1回、習慣的に行うと、自分のことが分かるようになっていきます。どんな占星術や自己分析ツールよりも深い理解が得られ、自分だけの幸せや自分だけの快適な状態がどういうものなのかを探ることによって、自分軸が確立していきます。

むしろ、世の中の「こうすれば幸せになれるよ！」に惑わされなくなります。

人生を充実させるための習慣

「価値観とはゴールではない」とはいいましたが、ACTでは、具体的な目標を設定することを推奨しています。

例えば、私の価値観である、「好奇心を持って物事を体験し、自分の考えを整理して、人に共有する」というものがあります。価値観というのは、「西に進むようなもの」と述べたように、これだけだと抽象的です。ですので、この価値観を体現できそうな目標を設定して、挑戦してみることをおすすめします。

筆者自身は、これからご紹介する目標設定法を5年間継続した結果、劇的に人生が変化しました。

ビフォーの状態でいえば、手取り20万円弱の会社員（事務職）で、特にやりたいこともなく、職場の人間関係に馴染めず適応障害で休職し、その後心療内科に通いながらニート生活で人生に行き詰まっていました。貯金も人脈も実績もありませんでした。

しかし、そこから本気で自分の人生に向き合い、週に1回、自問自答をする時間をとり、書いて言語化する習慣を身に付けると、個人事業主としてスタートしたビジネスは試行錯誤をしながら毎年順調に成長しすぐに法人化、書籍の出版も叶い、SNS総フォロワーは40万人超（2024年6月現在）を達成、メディアやTVで取り上げられる機会も増え、大学の客員教授に就任したり、上場企業で講演をしたりするなど、数年前の自分にはまったく想像もできなかったようなアフターの世界が待っていました。

目標設定は、年に1度や、四半期に1度行っても、数ヵ月後には、自分が立てた目標を忘れてしまう方が大半だと思います。これからご紹介する目標設定は、週に1回のペースで行うことを推奨しています。

「人生が充実する時間の使い方ができるようになりたい」と思っているのであれば、そのために必要な習慣を取り入れていただきたいのです。

習慣の専門家であり、ジャーナリスト・作家をしているチャールズ・デュヒッグが提唱した「キーストーンハビット（要の習慣）」という概念をご紹介します。

食事、運動、瞑想、散歩、入浴、日記など、科学的に効果があり、人生を変える習慣はたくさんあります。成功者のモーニングルーティンやナイトルーティンを参考にされる方も多いでしょう。しかし、あれもこれも大事これも大事と手を出しては、なかなか続かないのも事実です。デュヒッグは、まずは1つの習慣を変えることをすすめています。

彼は自著『習慣の力』（注31）の中で、34歳のアメリカ人女性リサの事例を挙げています。

リサは研究所で「習慣」に関する研究に協力しています。彼女は16歳から喫煙や飲酒を始め、肥満や借金に悩まされていました。

リサは夫から突然別れを切り出されたことをきっかけに、アルコール依存とニコチン漬け、そして肥満となり、夫に去られた上に仕事も続かず、借金まみれになってしまいました。

そんな彼女は、ある時エジプトの砂漠横断の旅を思い付き、そこで「禁煙」を決意します。人生に1つくらい目標があってもいいじゃないかと思ったのです。

すると彼女は禁煙をきっかけに人生を立て直し、体重を30kg減らし、マラソンをして、大学に戻り修士課程に進学し、新しい仕事に就き、家も買いました。

彼女の劇的な変化は禁煙から始まりました。これは彼女が、「キーストーンハビット」と呼ばれる1つの習慣を変えたことによるものです。

このように、たった1つの習慣を変えることで、他の習慣にも影響を与え、人生全体を劇的に変えることもあるのです。

肥満、アル中、喫煙者、借金苦、仕事が続かない、といった多くの問題を抱えたリサにとっては、禁煙という目標とそのための習慣的行動がキーストーンハビットになりました。

キーストーンハビットは人によって異なります。

「自分の人生を生きたい」「人生が充実する時間の使い方ができるようになりたい」と思っている人にとってのキーストーンハビットは、「**価値観に沿った目標設定**」です。

問題提起（まだ解決できていない悩み）

価値観に合った目標を設定する

自己省察（Self Awareness）ツールを使い、
自分の価値観に合った習慣を身に付けて人生を変えていこう。

目標設定についての手法やテクニックについてはさまざまなものがありますが、筆者自身の経験からも、科学的なデータによる裏付けからも、目標設定については扱いづらい手法が多いです。

例えば、ビジネス研修や自己啓発の分野で最もポピュラーな目標設定法は、「SMART目標設定法」ではないでしょうか。

「SMART目標設定法」とは、次の言葉の頭文字を取ったもので、1980年代から実務家の間で広まった手法です。

Specific（**具体的**）：目標は具体的であり、明確に定義されている必要がある。曖昧な目標ではなく、誰が、何を、いつ、どこで、どのように行うかが明確になっていることが重要。

Measurable（**計測可能**）：目標の進捗や達成度を定量的に測定できるようにすることが重要。具体的な数値や指標を設定し、進捗を追跡することで、目標達成の可視性が高まる。

Achievable（**達成可能**）：目標は現実的であり、自分の能力やリソースを考慮して設定する必要がある。達成可能な目標は、モチベーションを高め、挫折感を減らす。

Relevant（**関連性**）：目標は、個人の価値観や長期的な目標と関連しており、自己成長や満足感を促進するものである必要がある。目標が関連性のあるものであれば、取り組む意欲が高まる。

Time-bound（**期限**）：目標には明確な期限が設定されている必要がある。期限を設定することで、目標に向かって行動する優先度が高まり、モチベーションが維持される。

しかし、ＳＭＡＲＴ目標設定法は、もともとはマネジメントの世界で生まれたもので、近年では欠点も指摘されています。

ゴールを決めて、達成に必要なことを逆算できるような状況であれば有効ですが、

・そもそも、そのゴール設定が正しいか分からない
・外部環境も内部環境も、状況が刻一刻と変わる

このような場合は、

・他の可能性や選択肢に気づきにくくなる
・達成のために手段を選ばなくなる

など、むしろデメリットになることも報告されており、ＳＭＡＲＴを使うことによって達成率が下がるという結果も出ています。

また、例えば、「年収１０００万円を達成する」とか「会社を上場させる」といっ

た目標だけだと、その目標を達成するまでは頑張れるのですが、成功を手にした瞬間に燃え尽きてしまう方が多いです。会社を上場させて資産を手にした後に、目標を見失って、うつになってしまう経営者さんも見てきました。その時、彼らは新しい目標を探そうとするのですが、目標よりも、目的（価値観）を明確にするべきなのです。

資格勉強やダイエットのような、「明確なゴールを決めることができて、そのために何をすればいいのかも分かっている」という逆算可能な状況であれば、ＳＭＡＲＴは役に立ちます。しかし、「どんな目標を設定すればいいのか分からない」「やってみたら思っていたのと違った」「チャレンジしたいことがコロコロ変わる」「目標設定すると義務感が湧いて楽しめなくなる」といった場合には、使いにくい手法です。

そうはいっても、「この目標設定法が最強だ！」といえる唯一のものがなかなかないのが心苦しいところです。そこで、これまで筆者自身が、さまざまな目標達成理論やモチベーション研究をベースにして開発した目標設定の方法をご紹介しようと思います。

目標設定は、「目的」「目標」「手段」の3段階で行う

定期的に設定を見直すことを習慣にし、柔軟に軌道修正することで目標を洗練させていこう。

目標設定で大事なことは、今ここに集中しながらも、目指す方向を見失わず、それでいて、柔軟に軌道修正していくことです。これだけ聞くと、なかなか難しそうですよね。

この目標設定は、**目的**、**目標**、**手段の3段階**に分けて行います。

目的は、自分自身の価値観（進む方角）であり、本当はどうありたいか、何を大切に生きるのかの軸となるものです。

目標は、目に見える到達点であり、価値観に沿って行動した結果、たどり着く場所です。ただ「西に進む」だけでなく、西の方角に見えるあそこにまずは行ってみよう、と決めるものです。

手段は、到達点までどのような経路を選択して、そこまで歩んでいくか、ということであり、日々実践できる習慣的な行動です。到達するまでの経路は1つではなく、複数あります。

筆者の場合は、以下のようになります。

価値観に沿った目標設定のイメージ

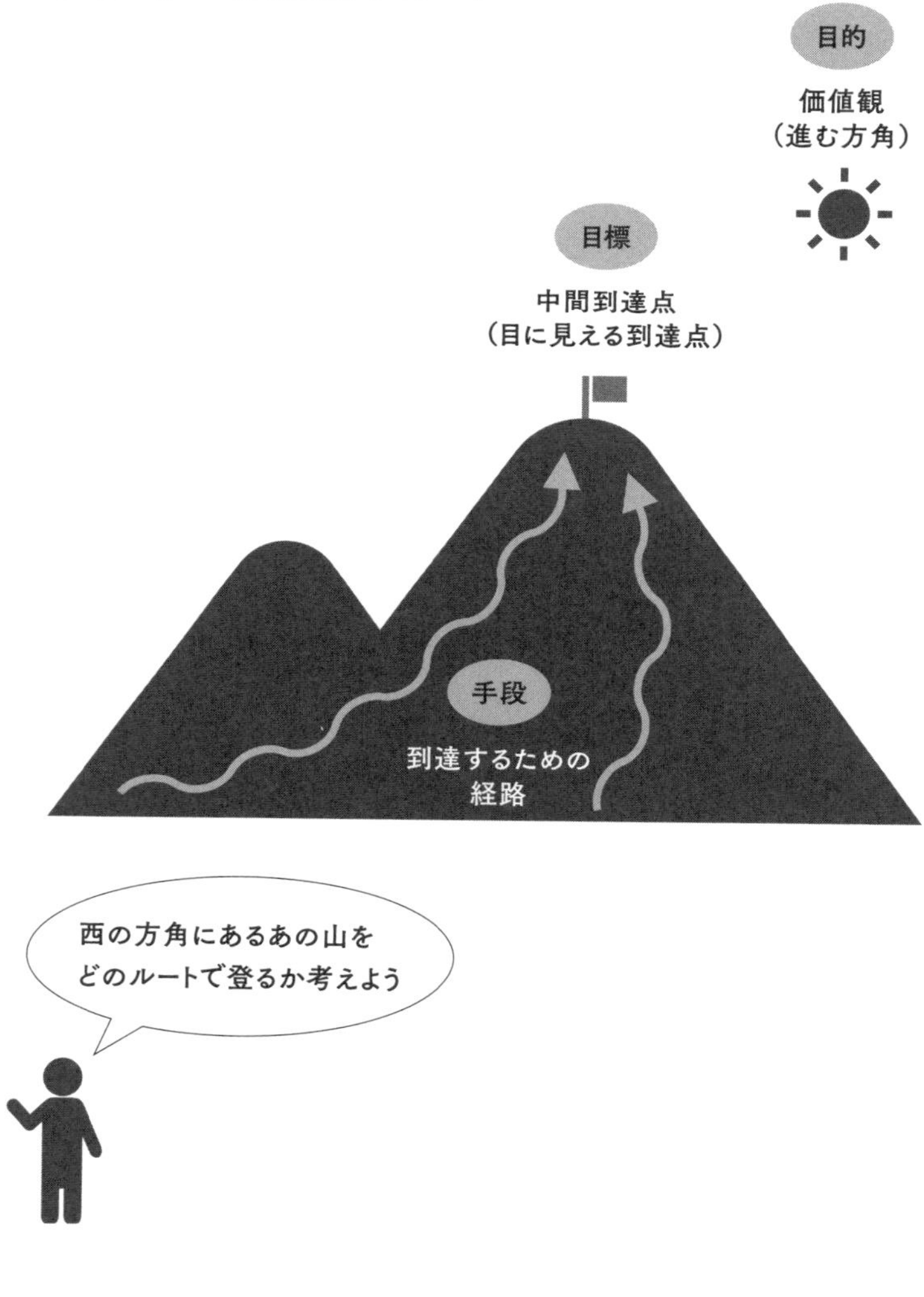

筆者の場合

【目的】価値観（進む方角）

本当はどうありたいか、何を大切にして生きるか

- 自分の創造性を発揮して作品を生産し、感動を与える
- 好奇心を持って物事を体験し、自分の考えを整理して、人に共有する
- 思い込みにとらわれず合理的に考え、成功確率の高い選択肢を選ぶ
- 他者の長所や尊敬できるところに気づいて褒める・感謝する
- 他者との対話や関わりを通して、自己理解を深め、人格を変容させていく
- 歩くパワースポットになり、他者に本質的な気づきと影響を与える
- 心身ともに健康的な生活をし、人生を楽しめるように体調を整える
- 食わず嫌いせずいろいろ試して、結果が出たものを磨き、熟達させていく

【目標】中間ゴール（目に見える到達点）

価値観に沿った目標

・年に2冊、本を書く

・海外のコンテンツを輸入して独自に発展させ輸出する

・体重を＋－1kgのラインでキープする

【手段】行動（到達するための経路）

自分と約束する日々の習慣

▼やること

・YouTubeやSNSでアウトプットする

・本を読む
・英語を勉強する
・会いたい人がいたら自分から誘う
・親しい人の価値観を探って言語化する
・週4回、運動と瞑想をする
・水分とタンパク質を意識的に摂る
・年に2回以上、海外旅行をする

▼やらないこと

・自分がやる必要のない、「車輪の再発明」になるような仕事はしない
・思いつきや情熱だけで大きな投資（時間・お金・労力）はしない
・努力しても結果が出ないものには執着しない

「**目的**」は、自分が人生を通して大切にしたい価値観を書きます。ここが自身のアイデンティティに関わる重要な部分です。

ざっくりとした進む方角ですので、抽象的な表現で構いません。価値観は普遍的なものではなく、少しずつ変わっていくものです。最初は、前章までの価値観を見つけるワークなどを通して、ご自身の大切にしたい価値観を言語化してみましょう。

続いて「**目標**」は、価値観に沿って行動した結果、こういう状態になっていたい、という目に見える到達目標を書きます。「達成後の自分をポジティブに想像できて、難しいが可能で、取り組む覚悟がある、かつ具体的」な目標がいいでしょう。

そして、「**手段**」は、「目標」を達成するための具体的行動を書きます。重要なのは、「ここで書いたことを自分との約束事にしていいか？」と自問することです。例えば、毎日残業ばかりの人が、「毎日、本を1冊読む」という約束を自分とできるでしょうか。難しそうであれば、「通勤電車の中で20分読書する」などに書き換えましょう。

習慣化するには、すでに習慣になっている行動をセットにするのがおすすめです。また、「手段」の中で、やることと、やらないことも書き出しておくのがおすすめです。世の中は「やらないよりはやった方がいいこと」のアドバイスであふれています。しかし、私たちの時間は有限ですから、「自分にとっては時間を有効に使えないもの、価値を生めないものには時間を割《さ》かない」と決めておくことが大事です。やらないことを決めておかないと、「やった方がマシなこと」で手一杯になってしまいます。マシなことではなく、有意義で充実することに時間を使いましょう。

これを週に1回見直し、違和感のあるところや定義があいまいなものを明確化していきます。

筆者の場合は、実際にはもう少し長めの日記のようなものを書き、今週やったことの振り返りと、そこから得られた学びをもとに、「目的」「目標」「手段」の微調整を行います。つまり、1週間に1回は、自分の人生においてのＰＤＣＡ（Plan 計画、Do 実行、Check 評価、Action 改善）のサイクルを回すことになり、1年では52サイクルです。筆者は5年間毎週休まず続けたので、トータル２６０回も人生のＰＤＣＡサイクルを回してきたことになります。最初の頃のものを見返すと、かなり粗削りですが、どんどん洗練されていくのを実感します。

この目標設定を定期的に続けていくと、**自分の取扱説明書**ができます。

自分の価値観に沿った目標設定のいいところは、柔軟であるということです。価値観やゴールは、「なんとなくこんな感じかな？」や、「仮のもの」でＯＫです。目的・目標・手段は日々ブラッシュアップしていくものですから、むしろ、どんどん変えていきましょう。毎週見直して言葉の定義をしっくりくるものに変えたり、思ったように行動ができない場合は、自分に合ったやり方に修正していきます。

「描こうとするものを知るには描き始めねばならない」とパブロ・ピカソが言ったように、まずは、こうかな？と仮決めして、動いてみて、観察してデータを取ってみて修正する、という姿勢が重要です。

「仮説を立てて実験してみる」という気持ちでいると、完璧主義を手放せますし、もしうまく行かなくても、他にいい方向があるかもしれない、というように、失敗と自分を切り離して考えることができます。

自分や世界に対して好奇心を持った態度で接することができると、さまざまな気づきや学びがあります。

損失回避（問題を解決しないとどんなヤバいことになるか）

あきらめるのではなく、「何ならできるか」と考える

価値観に向かって行動していく中でできないことがあったときは、「何が本質なのか」を考え、目標を柔軟に入れ替える。

「価値観を大切にする」や、「価値観に沿った行動」というのは、楽しいことだけやればいい、とか、ストレスがかからない、ということではありません。

「人生に苦は必要である」という第3の原則からも、価値観に沿った行動をしつつ、発生するストレスと上手に付き合う方法を習得することで、熟達します。

例えば筆者の場合は、完全にストレスフリーな選択をすると、「誰にも会わない」

ということになってしまいます。エレベーターに乗った時に、速攻で「閉」ボタンを押すほど人見知りですし、特に初対面の人と話すと、気を使ってどっと疲れてしまい、その日は眠れなくなります。

しかし、人間関係における私の価値観は、「他者との対話や関わりを通して、自己理解を深め、人格を変容させていくこと」です。

20代の頃までは、自分から遊びや食事に誘うよりも、誰かからの「誘われ待ち」をしていました。特に関係性が浅い人を誘うのは苦手で、人間関係は基本的に受け身の姿勢でした。

おそらく、誘って断られるのが怖いとか、誘ったからにはおもてなしをしなければならないとか、そういう認知の歪みがあったのだと思います（今でも完全には消えていないですが）。

そんなある日、アメリカの社会学者マーク・グラノヴェッターが発表した社会的ネットワークに関する「弱い紐帯《ちゅうたい》の強み」という仮説を知りました。

１９７３年に彼の論文「The Strength of Weak Ties」（注32）で発表されたこの仮説は、個人の社会的ネットワークにおける強い結びつき（strong ties）と弱い結びつき

（weak ties）の役割に焦点を当てています。

強い結びつきは、「親密な関係や緊密なコミュニケーションを持つ人々とのつながり」を指し、弱い結びつきは、「あまり親密でない関係や疎遠なコミュニケーションを持つ人々とのつながり」を指します。

グラノヴェッターの仮説では、**強い結びつきは、主に情報や感情の支援を提供する役割を果たし、**社会的な安定性やアイデンティティ形成に重要です。一方で、**弱い結びつきは、情報の交換や新しい機会の発見において特に重要な役割を果たす**とされています。

要は、新しいチャンスは、家族や親しい友人や同僚などの、強い結びつきよりも、人見知り程度の弱い結びつきの人間関係からやってくる、ということです。

私は、この考え方を知った時に、行動を改めなければいけないと感じました。

誘われ待ちで受け身の姿勢では、「他者との対話や関わりを通して、自己理解を深め、人格を変容させていく」ことに、いずれ限界がくるなと感じたためです。

また、私の他の価値観に、「合理的に考え、成功確率の高い選択肢を選ぶ」というものがあります。何か意思決定をする際に、科学やデータを重視するのは、この価値観に沿っているためです。もちろんデータが全てではないのですが、「人は誰しも、認知の歪みや認知バイアスがあり、事実をありのまま見られないことで損をしているかもしれない」という自覚は常に持っているため、目的を達成するために合理的でない行動をしていると気づいたら修正します。

私の場合でいえば、「私は人見知りだから、浅く広い交流よりも、狭く深い交流の方が向いている」のような決めつけや正当化をして、新しい人との出会いを積極的にとろうとしていませんでした。しかし、「弱い紐帯の強み」の概念を知ってからは、勇気を持って「自分から誘う」を実行するようにしています。

価値観は自由に入れ替えられる

このように価値観というのは、自由に優先順位を入れ替えることができます。

その結果、今では、年間で２００名近くの方と名刺交換をするくらい、新しい出会いを増やしています。もちろんそこからいろいろなチャンスがめぐってきました。

これは、単純に楽しいからやっているわけではなく、どちらかというと、意識的に頑張ってやっています。

私も含めて、内向的で人見知りの人は、人との交流が嫌なわけではなく、五感で受け取る情報量が多い場所や、刺激が強いのが苦手なのです。

「誘われ待ち」というのは、人生の向き合い方の第2原則（112ページ）である「**人生に対して主体的に参加せよ**」からも逸脱します。受け身だからです。

そして、第1原則（109ページ）である「**変えられないものと変えられるものを区別せよ**」への態度としては、次のようになります。

- **変えられないもの＝内向的で情報量の多い場所ではどっと疲れる**（もともとの遺伝的気質や、感情的、身体的反応）
- **変えられるもの＝自分が仲良くなりたいと思っている人と、少人数の場であれば会うことが可能。自分が主体的にできる行動は、「自分から誘う」**（認知・行動の修正）。

このようにして、私の大切にしたい価値観である「他者との対話や関わりを通して、自己理解を深め、人格を変容させていくこと」に対して、まい進していくことができるようになりました。

その価値観に向かって行動していく上で、ネガティブな感情や身体反応（緊張でドキドキする）があるからといって、「自分には向いていないんだ」と判断するのは早すぎます。柔軟性を持って、「それでも、私が励めること」に集中しましょう。

そして、緊張や不安というのは、行動の数が多いと案外慣れるものです。

人と会うことの目的は、人それぞれあると思います。「交流すること自体が楽しい」と思える人は、そのままでよいと思います。一方、「情報収集のため」「インスタにリア充アピールの写真を上げるため」「ネットワークビジネスの勧誘をするため」のような打算的な人もいます。打算で物事を考えることが必要な場面もありますが、打算が過ぎると、周りから人がいなくなっていきます。

人は意外と、「打算が歩いている」と見抜くものです。打算だけでなく、自己一致（自分の価値感からくる行動や振る舞い）の状態で人と関われるようになると、他者や社会との深いつながりを築いていけるでしょう。

解決策（具体的な解決策を提示し、行動を促す）

「価値観に沿った目標設定」のやり方

「目的」は変わらないが、「目標（中間ゴール）」や「手段（到達までの行動）」はどんどん変わる。
どこかで違和感を感じたらチューニングして解像度を上げていこう。

目標設定ができたら次のようにまとめ、ご自身の手帳や見えるところに張り出しておくことをおすすめします。

3つの理（避けられない普遍的な真理）

①人は死ぬ

②人は孤独
③人には責任がある

3つの原則（人生が前進する物事の捉え方）
①変えられないものと変えられるものを区別せよ
②人生に対して主体的に参加せよ
③人生に苦は必要である

人生が充実する時間の使い方ができるようになるためのキーストーンハビット（要の習慣）

価値観に沿った目標設定／西の方角（目的）にある、あの山（目標）を、どのルート（手段）で登るか考える

【目的】価値観（進む方角）。本当はどうありたいか、何を大切にして生きるか

・・・

【目標】中間ゴール（目に見える到達点）。価値観に沿った目標

・・・

【手段】行動（到達するための経路）。自分と約束する日々の習慣

▼やること

・・・

▼やらないこと

・・・

目的（価値観）―目標（中間ゴール）―手段（到達するための経路）と、３段階にしているのは意味があります。修正したり、諦めることが上手になるからです。

どういうことかというと、将来の夢が、「漫画家になる」だという佐藤さんの場合、

目的（価値観）

自分の創造性を発揮して作品を生産し、感動を与える

目標（中間ゴール）

漫画家になる

手段（到達するための経路）

・漫画を描く
・漫画を読む
・絵の練習をする

- 人に見せる
- 新人賞に応募する

こういう状態でしたが、ある日、「やっぱり自分には才能がないかもしれない」と感じて描かなくなり、漫画家になるための習慣を全部やめてしまいました。しかし、目的（価値観）である「自分の創造性を発揮して作品を生産し、感動を与える」は、消えていません。そしてある日、絵を描くよりも、言葉で表現する方が得意だと気づき、次のように修正しました。

目的（価値観）

自分の創造性を発揮して作品を生産し、感動を与える

目標（中間ゴール）

コピーライターになる

手段（到達するための経路）

・法人営業する
・ライティングの勉強をする
・ブログを書く

しかし、なかなかこれも結果が出ません。そんな中で、プレゼン資料を作って発表する機会があり、顧客から大変喜ばれたことをきっかけに、プレゼン代行や会議のファシリテーターの仕事も始めます。

目的（**価値観**）

自分の創造性を発揮して作品を生産し、感動を与える

目標（**中間ゴール**）

プレゼン代行、会議ファシリテーターとして生計を立てる

手段（**到達するための経路**）

- 紹介を依頼する
- リピートにつなげる

これは、そこそこ上手くいったものの、もうちょっと多くの人の目に触れて飛躍したいと思い、ビジネス本を執筆することにします。

目的（価値観）

自分の創造性を発揮して作品を生産し、感動を与える

目標（中間ゴール）

専門である統計学の入門書を出版し、そこから仕事の依頼がくる

手段（到達するための経路）

出版コーディネーターさんとつながる

そして、無事に企画書が通り、出版されることが決まったのですが、本屋さんに自分の本が置かれてそのままにしていたのでは売れません。ということでYouTubeで発信活動をすることにしました。

目的（価値観）

自分の創造性を発揮して作品を生産し、感動を与える

目標（中間ゴール）

YouTubeで1万人登録

手段（到達するための経路）

毎週1本投稿する

結果的に、YouTubeはとても上手くいったのですが、「よく分からないけど当てちゃった」というよりも、これまでの価値観に基づいた行動ベースの試行錯誤によって、自分の得手不得手や見せ方がある程度明確になっていたのだと思います。

多くの方は、「漫画家になりたい」という将来の夢、つまり、目標（中間ゴール）はあれど、その本質的な目的（価値観）を明確化していないことが多いです。

漫画家がダメだったとしても、本質的な目的は大きくは変わらないので、その他の手段（ルート）で、目標を達成させることはいくらでもできます。漫画家という目標に執着することなく、その**上位にくる目的（価値観）に沿った目標を立て直し、経路は複数から選べる状態にする**ことが重要です。

目標をコロコロ変えることは全く悪いことではありません。あくまで仮説です。やってみて軌道修正することを前提に目標設定し、毎週見直しましょう。

成功した人達は、いきなり上手くいったように見えるかもしれませんが、水面下では、どんどん新しいことにチャレンジして試行錯誤して、たくさんの失敗を経験して、またそれを糧に頑張っています。

また、目標を達成する手段（経路）は、以前よりもたくさんあります。私が中学生の頃は、漫画家になろうと思ったら、雑誌の新人賞に応募して賞をとってデビューする、という経路くらいしかありませんでしたが、現在は、ＳＮＳ、ブログ、掲示板などで人気になって出版する方も大勢います。

このように、目標（中間ゴール）を達成するための手段（行動）は複数ある、ということともぜひ覚えておいてください。

また、目的（価値観）も、手段ほどではないですが、少しずつ変わるものです。大まかな方向は変わらないものの、より詳細に、鮮明になっていく、というイメージでしょうか。

例えば、架空の会社員のAさん（営業職）は、「他者の役に立つ」を目的（価値観）として掲げ、会社の売上に貢献するために、自身の営業成績を上げることを目標に設定しました。

半年後、営業成績はトップになったものの、なんとなく虚無感を覚え疲弊していることに気づきました。振り返ってみると、営業成績を上げるために無理な受注をしてしまったことで、クライアントからは感謝されたものの、現場からはクレームが入るようになってしまったのです。Aさんは、「会社のために頑張って仕事をとってきたのに、全然喜ばれないし、現場は非協力的。自分はなんのために仕事しているんだっけ」と自問します。

このような、営業と開発現場の仲が悪い問題は、あるあるだと思います。筆者も企業のコンサルティングをしていますが、経営者や営業部は、「儲けたい」。現場は「楽になりたい」。というそれぞれのニーズがあります。「他者の役に立つ」という漠然とした目的(価値観)だと短期的な結果を求めてしまいがちで、会社の役に立つか(売上)、それとも、顧客の役に立つか(感謝される)、といった葛藤(ジレンマ)で悩んでしまったり、自己犠牲的な行動をしたりします。自分にとって「他者の役に立つ」というのは、何を意味するんだろう？と一歩進んで考えてみてほしいです。

営業と現場の対立でよくあるのが、きちんとマーケティングリサーチや需要予測をせずに、企画開発部門が作った商品を、営業部に「とりあえず売ってこい」という流れであったり、営業部が顧客ニーズを聞いて、その要望どおりに商品化や実装ができないかを開発に投げ、「また営業からめんどくさいオーダーがきた」と思われる、などです。

こうした課題は、顧客の要望を聞いてすぐそのまま商品化を検討するのではなく、顧客からの要望やお困りごとは営業が要望書としてまとめておき、他の複数の顧客先でも同様のニーズがあれば商品化を検討し、パッケージングして売る、といった商品開発の仕組みで解決することがあります。ほとんど同じ商品で複数顧客に提供できた方が儲かりますし、現場の負担も少ないです。

こういったことを体験すると、Aさんは、「自分にとって〝他者の役に立つ〟というのは、ただ反応的に相手のために行動するのではなく、長期的に見て、自分・会社・顧客・現場に価値提供することだ」といった具合に、「他者の役に立つ」の解像度がぐっと上がります。

設定した目標を達成する途中や達成した後に何か違和感を抱いたら、このように、目的（価値観）も少しずつチューニングしていくことをおすすめします。

価値観の言語化については、詳しくは、第3章を見直してみてください。

目的（価値観）ー目標（中間ゴール）ー手段（到達するための経路）と、3段階にすることで、修正したり、いい意味で諦めることが上手になります。

何度も言いますが、修正することを前提に目標設定をして、週に1回は見直すことを実行してくださいね。

以上が、「価値観に沿った目標設定」のやり方です。

自分の機嫌をとる方法が分かる「感情日記」

ただ、「自分はそこまで意識的に人生を過ごそうとは思わない」とか「そもそもやりたいことが分からない」という方もいるでしょう。

「目標が特に思いつかない」という方は、その週に行った出来事を振り返って、自己省察する**感情日記**をつける方法もあります。どちらかというと、こちらのやり方の方が、気楽に取り組みやすいかもしれません。

これはポジティブ心理学の分野で有名な、その日あった良いことを記録する「**3行日記**」という方法で、ストレスや不安の軽減効果、目標達成の促進効果、睡眠の質向上などのエビデンスがあります（週に1回でも効果があります）。

特に、「何かに感謝する」ことは、目の前の誘惑に強くなり、目標達成のためのモチベーションが上がりやすくなります。

良かったことを書き出すだけでもいいですし、さらに余裕があれば、自分はどんなことにポジティブな感情を抱きやすいのか、ということを内観してみましょう。

筆者の場合は、自分は苦手でできないこと（宅配など）をやってもらえることに感謝

Q. ポジティブな気持ちになったことは何でしたか？

（嬉しい、楽しい、感謝、懐かしい、つながりの感覚、癒やされる、愛おしい、夢中などのポジティブな感情を体験した出来事）

（例）

- 今日も宅配の人が荷物を届けてくれてありがたい。
- 天気がよくて洗濯物を干せた。
- 冷蔵庫の食材を使い切った。

するんだな、とか、太陽が出ているだけで気持ちが晴れるな、とか、冷蔵庫の在庫管理はゲームみたいで面白い、とかです。

どういうことにポジティブな気持ちになるのかが分かっていると、自分の機嫌を自分で取る方法が分かるようになります。普段は当たり前になってしまって気づかない小さな幸せは、そこら中にあるのです。日常の幸せに気づかないと、爆買いをしたり、派手に遊んだり、ＳＮＳでリア充アピールする、非日常が幸せだと錯覚します。

この日記を書いている時に、自分の大切にしたい価値観に気づくこともあります。

さらに余裕があれば、ポジティブな感情だけでなく、ネガティブな感情日記もつけることをおすすめします。

次ページは、ＣＢＴ（認知行動療法）に基づいたストレスコントロールの技法です。簡易版ですが、毎日やるにはちょうどいいと思います。

Q. ネガティブな気持ちになった出来事は何でしたか？

【出来事】

GWに1人で映画を観に行ったら、カップルが来て「隣同士で席が取れなかったので替わってほしい」と言われた。

【感情や気分】

該当するものに〇を付けるか、なければ書き足してください。

怖い、見捨てられた、怒り、イライラ、焦り、混乱、落ち込む、絶望、恥ずかしい、ムカムカ、無力、お手上げ、傷ついた、我慢できない、不適切、不安、
無視（見たくない）、やきもち、緊張、拒絶、憤り、切羽詰まった、悲しい、心配
その他（　　　　　　）

【ストレスレベル】

該当する痛み（ストレス）レベルに〇を付けてください。

NRS (numeric rating scale) 数値評価スケール

※弊社ＣＢＴジムの資料より

【出来事】には、客観的な出来事を書いてください。

○正しい書き方：
ＧＷに１人で映画を観に行ったら、カップルが来て「隣同士で席が取れなかったので替わってほしい」と言われた。

×誤った書き方：
ＧＷに１人で寂しく映画を観に行ったら、感じの悪いカップルが来て「隣同士で席が取れなかったので替わってほしい」と言われてムカついた。

このように、事実と自分の解釈や感情を一緒にせず、客観的な出来事だけを書いてください。

ＣＢＴの基本は、事実と解釈を分けることです。これを一緒にすると、歪んだ物の見方を生み出します。

【感情や気分】には、その時しっくりくる表現を選んで○を付けるか、なければ書き足してください。

自分の感情の語彙が増えると、感情コントロールが上手になります。無理とかシンドイだけしか感情を表す語彙がないと、世界を大ざっぱにしか捉えることができないので、コントロールが難しくなります。

【ストレスレベル】には、感情のレベルを書きます。「すごいムカついた」と思ったけれど、スケール化すると、「それほどでもないな」と客観視することができます。

このようにして、「価値観に沿った目標達成」に取り組むのが難しい方は、ポジティブ感情とネガティブ感情の感情日記を、毎日か週に1回つけてみてください。自分を客観視し、言語化するレベルが上がっていきます。

そうすると、自分はどんなことに充実感を感じるのか、あるいは、やる気がなくなったり気持ちがざわついたりするのか、自分のことが分かってきます。そうしたら、「価値観に沿った目標達成」の方にも取り組んでみてくださいね。

自分に対して思いやりと好奇心を持ってマインドフルに観察することが大切です。

コンパスと地図を手に旅に出る

ここまでの内容をしっかり理解し、ワークに取り組んでこられた方は、人生が充実する時間の使い方のエッセンスを習得し、自分の価値観というコンパスを手に入れました。

価値観に沿った目標設定で書き出したものが、**地図**です。

人生を１つの旅と捉えると、大事なのは、コンパスと地図を手に入れただけで終わらせるのではなく、実際に旅に出て行動してみることです。そして１日の終わりや週の終わりに、「感情日記」を書いたり、価値観を見直したりして、自分だけの冒険の書を記録しましょう。

１年前の記録を見返すと、「こんなことで悩んでいたんだ」「ずいぶん成長したな」と人生が前進していることを感じられ、自分に対して尊敬の念が湧いてきます。

魔王を討伐した後の物語を描いた『葬送のフリーレン』という漫画の中に、「旅をするには話し相手がいた方がいい」というセリフが出てきます。

人生に迷った時や行き詰まった時に、この本が、良き話し相手になることを祈って書きました。ぜひ何度も本書と対話してみてください。

この章のまとめ

- 人生を有意義に過ごすには、価値観に合った目標設定をすることが大切
- 目標設定は、「目的」「目標」「手段」の3段階で行う
- 定期的に見直して柔軟に入れ替えることで、より本質に近づくことができる
- これを繰り返すことで、自分の成長に気づくことができる

あとがき――「時間を食べ尽くすモンスター」の正体と倒し方

古来より世界各地では「月を見てはいけない」という信仰や迷信があります。

ラテン語で月を意味する「Luna」に由来する「ルナティック（lunatic）」や「ルナシー（lunacy）」という言葉は、「狂った」や「気が触れた」という意味を持ちます。

西洋では、満月の日に、狼男は人から狼に変身し、魔女たちは黒ミサを開くと言われていました。平安時代の人は、月を直接見ずに水面に映った月を見てお月見を楽しんだと言われています。

「月を見てはいけない」という信仰や迷信が世界各地で比較的共通している点は、非常に興味深いですよね。

満月は〝ことを大きくする〟ものと捉えられ、我々に幻想を見せてくれるものとされています。

夜になり、闇に覆われた時間には、
いろいろな不安が襲ってきます。

死や病、老い、社会的重圧、孤独感。
そんな時、闇を照らす月は

とても美しく魅力的で、
どこか安心感さえあります。

しかし、月の光に惑わされ、不安を消すことが目的になってしまうと、それは依存を引き起こします。

「月を見てはいけない」は、我々が月に惑わされて生きることへの故人からの警告なのかもしれません。

「死と太陽は直視できない」。

だから、闇の中で光る月を見て、その一夜だけ安心していないか？

月の光で一時の不安を解消できても、それは幻想に生きているだけでは？

と問いかけるメッセージなのではないかと解釈しています。

- **避けられない闇**（**死・孤独・責任**）**と向き合う**
- **闇を照らす月**（**かりそめの平穏**）**に惑わされない**
- **太陽**（**価値観**）**を見つけ、自分の人生に主体的に関わる**

この3つこそが、「時間を食べつくすモンスター」の正体と倒し方。

私はそう結論づけます。

謝辞

この本が完成するまで、多くの方々のご支援とご協力をいただきました。ここに心からの感謝の意を表します。

まず、本書の執筆に際して、企画と構成に関する助言をいただいた小山竜央先生、そして、KADOKAWAの伊藤直樹編集長に深く感謝申し上げます。お2人のご指導なしには、この書籍を完成させることはできませんでした。いつも快く、壁打ちに付き合ってくださりありがとうございました。

次に、本書の内容を緻密に校正していただいたKADOKAWAの荒川三郎さん、フリー編集者の小嶋優子さんにお礼を申し上げます。お2人の鋭い指摘と洞察は、本書の質を大いに向上させました。遅々として進まない私の原稿にエールをくださりながら、辛抱強く待っていただき、ありがとうございます。このプロジェクトを支援してくださった出版関係者の皆様、そしてその他のスタッフの皆様、ありがとうございました。

また、日々の執筆活動を支えてくれた、同僚や友人、家族にも感謝します。彼らの励ましと支援が私を奮い立たせ、執筆の原動力となりました。特に、伴野悠佳さん、菅原裕人さんには、大変な協力をいただきました。おかげさまで執筆活動に専念することができました。

私のYouTubeやSNSをいつも見てくださっているファンの皆さまには、たくさんの応援コメントや、アイデアを頂戴しました。その他にも、人生の諸先輩方から、死ぬまでの時間の使い方についての考えや悩みをヒアリングさせていただきました。その節は、多大なお時間を頂戴し、ありがとうございました。

そして、シングルマザーで兄弟3人を育ててくれた母。「こういう本を書こうと思う」という私の話に付き合ってくれ、全肯定してくれてありがとう。おかげで自信がつきました。

最後に、読者であるあなたに。本は読まれてこそ、本当の意味で完成します。貴重な時間を使っていただき、ありがとうございました。

この本ができるまで、本当にたくさんの方々にお力添えをいただいています。ここに深い感謝の意を表します。皆さまの理解と支えがなければ、この本を完成させることはできませんでした。本当にありがとうございました。

参考文献

体系化するにあたって参考にした書籍。
なお、本文内に登場するワークは、複数論文を統合して作った私のオリジナルか、すでに認知行動療法として広く使われている、または公開されているものです。

はじめに

注1　復路が短く感じられるのは事後的にのみ：復路効果に関する精神生理学的研究
小澤亮介、藤井啓介、神崎基樹　2015年

第1章

注2　How Timeboxing Works and Why It Will Make You More Productive
Marc Zao-Sanders／2018年

注3　『DEEP WORK 大事なことに集中する―気が散るものだらけの世界で生産性を最大化する科学的方法』
カル・ニューポート／2016年／ダイヤモンド社

注4　『完訳 7つの習慣 人格主義の回復』スティーブン・R・コヴィー／2013年／キングベアー出版

注5　『人生の短さについて 他2篇』セネカ／2017年／光文社

注6　「なぜ私たちはいつも締め切りに追われるのか」松尾豊／2006年／人工知能学会論文誌 21巻1号 a

注7　『データの見えざる手　ウエアラブルセンサが明かす人間・組織・社会の法則』
矢野和男／2018年／草思社

注8　Prediction-based neural mechanisms for shielding the self from existential threat
Y. Dor-Ziderman a 1, A. Lutz b, A. Goldstein a c／2019年

注9　『キリギリスの哲学：ゲームプレイと理想の人生』バーナード・スーツ／2015年／ナカニシヤ出版

注10　幸福感と自己決定―日本における実証研究（改訂版）
西村 和雄（ファカルティフェロー）、八木 匡（同志社大学）／2020年

注11　『死ぬ瞬間の5つの後悔』ブロニー・ウェア／2012年／新潮社

ほか

『人が自分をだます理由：自己欺瞞の進化心理学』ロビン・ハンソン、ケヴィン・シムラー／2019年／原書房

『ウィトゲンシュタイン『論理哲学論考』を読む』野矢茂樹／2006年／筑摩書房

『ハイデガー『存在と時間』を解き明かす』池田喬／2021年／NHK出版

第2章

注12　『天才！成功する人々の法則』マルコム・グラッドウェル／2009年／講談社

注13　Deliberate Practice and Performance in Music, Games, Sports, Education, and Professions: A Meta-Analysis
Brooke N. Macnamara、David Z. Hambrick、Frederick L. Oswald／2014年／PSYCHOLOGICAL SCIENCE

注14　『マシュマロ・テスト　成功する子、しない子』ウォルター・ミシェル／2015年／早川書房

注15　『マインドセット「やればできる！」の研究』キャロル・S・ドゥエック／2016年／草思社

注16　Estimating the reproducibility of psychological science
OPEN SCIENCE COLLABORATION ／2015年

注17　『天才たちの日課 クリエイティブな人々の必ずしもクリエイティブでない日々』
メイソン・カリー／2014年／フィルムアート社

注18　ソニア・リュボミアスキー 公式ホームページ　https://sonjalyubomirsky.com/

注19　Experiencing Physical Warmth Promotes Interpersonal Warmth
Lawrence E. Williams、John A. Bargh／2008年

注20 Are Thoughts About the Future Associated With Perceptions in the Present?: Optimism, Possible Selves, and Self-Perceptions of Aging
Shelbie G. Turner、Karen Hooker／2020年

注21 『人を動かす　改訂文庫版』D・カーネギー／2023年／創元社

注22 The serotonin theory of depression: a systematic umbrella review of the evidence
Joanna Moncrieff et al.／2022年／Molecular Psychiatry

注23 精神障害者保健福祉対策（うち依存症対策総合支援事業）
厚生労働省

注24 Evolving an idionomic approach to processes of change: Towards a unified personalized science of human improvement
Steven C. Hayes et al.／2022年／Behaviour Research and Therapy

注25 ACT「ストレスを感じたらやるべきこと：イラストガイド」
世界保健機関（WHO）

注26 満足度・生活の質に関する調査報告書 2022 ～我が国の Well-being の動向～
内閣府 政策統括官

注27 Association Between Life Purpose and Mortality Among US Adults Older Than 50 Years
ミシガン大学公衆衛生学部／2019年

ほか

『歎異抄をひらく』高森顕徹／2008年／1万年堂出版

『歎異抄ってなんだろう』高森光晴、大見滋紀／2021年／1万年堂出版

『こころに寄り添う 支援のための認知行動療法』貝谷久宣、福井至（監修）／2022年／ナツメ社

『自信をもてないあなたへ―自分でできる認知行動療法』メラニー・フェネル／2004年／CCCメディアハウス

『人生を変える幸せの腰痛学校 ―心をワクワクさせるとカラダの痛みは消える』
伊藤かよこ／2016年／プレジデント社

『心理職のためのエビデンス・ベイスト・プラクティス入門―エビデンスを「まなぶ」「つくる」「つかう」』
原田隆之／2015年／金剛出版

第3章

注28 In an Absolute State: Elevated Use of Absolutist Words Is a Marker Specific to Anxiety, Depression, and Suicidal Ideation
Mohammed Al-Mosaiwi、Tom Johnstone／2018年

注29 『幸福になりたいなら幸福になろうとしてはいけない: マインドフルネスから生まれた心理療法ACT入門』
ラス・ハリス／2015年／筑摩書房

注30 「芦田愛菜「信じる」が中国人も称えるほど深い訳」木村隆志／2019年9月11日／東洋経済オンライン

ほか

『よくわかるACT(アクセプタンス＆コミットメント・セラピー)　明日からつかえるACT入門』
ラス・ハリス／2012年／星和書店

『ACT(アクセプタンス＆コミットメント・セラピー）をはじめる セルフヘルプのためのワークブック』
スティーブン・C・ヘイズ／2010年／星和書店

第4章

注31 『習慣の力 The Power of Habit』チャールズ・デュヒッグ／2013年／講談社

注32 The Strength of Weak Ties
Mark S. Granovetter／1973年／American Journal of Sociology,Volume 78

あっという間《ま》に人《ひと》は死《し》ぬから
「時間《じかん》を食《た》べつくすモンスター」の正体《しょうたい》と倒《たお》し方《かた》

2024年 7 月19日　初版発行
2024年11月 5 日　 6 版発行

著者／佐藤《さとう》 舞《まい》（サトマイ）

発行者／山下 直久

発行／株式会社KADOKAWA
〒102-8177　東京都千代田区富士見2-13-3
電話 0570-002-301（ナビダイヤル）

印刷所／TOPPANクロレ株式会社

製本所／TOPPANクロレ株式会社

●お問い合わせ
https://www.kadokawa.co.jp/（「お問い合わせ」へお進みください）
※内容によっては、お答えできない場合があります。
※サポートは日本国内のみとさせていただきます。
※Japanese text only

定価はカバーに表示してあります。

ISBN 978-4-04-606933-7　C0030